卞尺丹几乙し丹卞と

Translated Language Learning

Il Manifesto del Partito Comunista

The Communist Manifesto

Karl Marx & Friedrich Engels

Italiano / English

Copyright © 2024 Tranzlaty
All rights reserved.
Published by Tranzlaty
ISBN: 978-1-83566-177-2
Original text by Karl Marx and Friedrich Engels
The Communist Manifesto
First published in 1848
www.tranzlaty.com

Uno spettro si aggira per l'Europa: lo spettro del comunismo

A spectre is haunting Europe — the spectre of Communism

Tutte le potenze della vecchia Europa hanno stretto una santa alleanza per esorcizzare questo spettro

All the Powers of old Europe have entered into a holy alliance to exorcise this spectre

Il Papa e lo Zar, Metternich e Guizot, i radicali francesi e le spie della polizia tedesca

Pope and Czar, Metternich and Guizot, French Radicals and German police-spies

Dov'è il partito all'opposizione che non è stato denunciato come comunista dai suoi avversari al potere?

Where is the party in opposition that has not been decried as Communistic by its opponents in power?

Dov'è l'opposizione che non ha rigettato il rimprovero del comunismo contro i partiti di opposizione più avanzati?

Where is the Opposition that has not hurled back the branding reproach of Communism, against the more advanced opposition parties?

E dov'è il partito che non ha mosso l'accusa contro i suoi avversari reazionari?

And where is the party that has not made the accusation against its reactionary adversaries?

Da questo fatto derivano due cose

Two things result from this fact

I. Il comunismo è già riconosciuto da tutte le potenze europee come potenza

I. Communism is already acknowledged by all European Powers to be itself a Power

II. È tempo che i comunisti pubblichino apertamente, di fronte al mondo intero, le loro opinioni, i loro obiettivi e le loro tendenze

II. It is high time that Communists should openly, in the face of the whole world, publish their views, aims and tendencies

devono far fronte a questa favola infantile dello Spettro del Comunismo con un Manifesto del partito stesso

they must meet this nursery tale of the Spectre of Communism with a Manifesto of the party itself

A tal fine, comunisti di varie nazionalità si sono riuniti a Londra e hanno abbozzato il seguente Manifesto

To this end, Communists of various nationalities have assembled in London and sketched the following Manifesto

il manifesto sarà pubblicato in inglese, francese, tedesco, italiano, fiammingo e danese

this manifesto is to be published in the English, French, German, Italian, Flemish and Danish languages

E ora sta per essere pubblicato in tutte le lingue offerte da Tranzlaty

And now it is to be published in all the languages that Tranzlaty offers

I borghesi e i proletari
Bourgeois and the Proletarians

La storia di tutte le società finora esistite è la storia delle lotte di classe
The history of all hitherto existing societies is the history of class struggles

Libero e schiavo, patrizio e plebeo, signore e servo della gleba, maestro di corporazione e garzone
Freeman and slave, patrician and plebeian, lord and serf, guild-master and journeyman

in una parola, oppressore e oppresso
in a word, oppressor and oppressed

Queste classi sociali erano in costante opposizione l'una con l'altra
these social classes stood in constant opposition to one another

Continuarono una lotta ininterrotta. Ora nascosto, ora aperto
they carried on an uninterrupted fight. Now hidden, now open

una lotta che si è conclusa con una ricostituzione rivoluzionaria della società in generale
a fight that either ended in a revolutionary re-constitution of society at large

o una lotta che si concluse con la comune rovina delle classi contendenti
or a fight that ended in the common ruin of the contending classes

Guardiamo indietro alle epoche precedenti della storia
let us look back to the earlier epochs of history

Troviamo quasi dappertutto una complicata organizzazione della società in vari ordini
we find almost everywhere a complicated arrangement of society into various orders

C'è sempre stata una molteplice gradazione di rango sociale
there has always been a manifold gradation of social rank

Nell'antica Roma abbiamo patrizi, cavalieri, plebei, schiavi

In ancient Rome we have patricians, knights, plebeians, slaves

nel Medioevo: feudatari, vassalli, maestri di corporazione, operai, apprendisti, servi della gleba

in the Middle Ages: feudal lords, vassals, guild-masters, journeymen, apprentices, serfs

In quasi tutte queste classi, ancora una volta, gradazioni subordinate

in almost all of these classes, again, subordinate gradations

La moderna società borghese è germogliata dalle rovine della società feudale

The modern Bourgeoisie society has sprouted from the ruins of feudal society

Ma questo nuovo ordine sociale non ha eliminato gli antagonismi di classe

but this new social order has not done away with class antagonisms

Non ha fatto altro che stabilire nuove classi e nuove condizioni di oppressione

It has but established new classes and new conditions of oppression

Ha stabilito nuove forme di lotta al posto di quelle vecchie

it has established new forms of struggle in place of the old ones

Tuttavia, l'epoca in cui ci troviamo possiede una caratteristica distintiva

however, the epoch we find ourselves in possesses one distinctive feature

l'epoca della borghesia ha semplificato gli antagonismi di classe

the epoch of the Bourgeoisie has simplified the class antagonisms

La società nel suo insieme si sta sempre più dividendo in due grandi campi ostili

Society as a whole is more and more splitting up into two great hostile camps

due grandi classi sociali direttamente fronteggiate: la

borghesia e il proletariato
two great social classes directly facing each other: Bourgeoisie and Proletariat
Dai servi della gleba del Medioevo nacquero i borghesi delle prime città
From the serfs of the Middle Ages sprang the chartered burghers of the earliest towns
Da questi borghesi si svilupparono i primi elementi della borghesia
From these burgesses the first elements of the Bourgeoisie were developed
La scoperta dell'America e l'aggiramento del Capo
The discovery of America and the rounding of the Cape
questi avvenimenti aprirono un nuovo terreno alla nascente borghesia
these events opened up fresh ground for the rising Bourgeoisie
I mercati delle Indie orientali e della Cina, la colonizzazione dell'America, il commercio con le colonie
The East-Indian and Chinese markets, the colonisation of America, trade with the colonies
l'aumento dei mezzi di scambio e delle merci in generale
the increase in the means of exchange and in commodities generally
Questi eventi diedero al commercio, alla navigazione e all'industria un impulso mai conosciuto prima
these events gave to commerce, navigation, and industry an impulse never before known
Ha dato un rapido sviluppo all'elemento rivoluzionario nella vacillante società feudale
it gave rapid development to the revolutionary element in the tottering feudal society
Le corporazioni chiuse avevano monopolizzato il sistema feudale di produzione industriale
closed guilds had monopolised the feudal system of industrial production

Ma questo non bastava più per le crescenti esigenze dei nuovi mercati
but this no longer sufficed for the growing wants of the new markets

Il sistema manifatturiero prese il posto del sistema feudale dell'industria
The manufacturing system took the place of the feudal system of industry

I maestri delle corporazioni erano spinti da una parte dalla classe media manifatturiera
The guild-masters were pushed on one side by the manufacturing middle class

La divisione del lavoro tra le diverse corporazioni è scomparsa
division of labour between the different corporate guilds vanished

La divisione del lavoro penetrava in ogni singola officina
the division of labour penetrated each single workshop

Nel frattempo, i mercati continuavano a crescere e la domanda in costante aumento
Meantime, the markets kept ever growing, and the demand ever rising

Anche le fabbriche non erano più sufficienti a soddisfare le richieste
Even factories no longer sufficed to meet the demands

Da allora, il vapore e i macchinari rivoluzionarono la produzione industriale
Thereupon, steam and machinery revolutionised industrial production

Il posto di produzione è stato preso dal gigante Industria Moderna
The place of manufacture was taken by the giant, Modern Industry

Il posto della classe media industriale è stato preso da milionari industriali
the place of the industrial middle class was taken by industrial

millionaires

il posto dei capi di interi eserciti industriali fu preso dalla borghesia moderna

the place of leaders of whole industrial armies were taken by the modern Bourgeoisie

la scoperta dell'America ha spianato la strada all'industria moderna per stabilire il mercato mondiale

the discovery of America paved the way for modern industry to establish the world market

Questo mercato diede un immenso sviluppo al commercio, alla navigazione e alle comunicazioni via terra

This market gave an immense development to commerce, navigation, and communication by land

Questo sviluppo ha reagito, a suo tempo, all'estensione dell'industria

This development has, in its time, reacted on the extension of industry

Ha reagito in proporzione all'estensione dell'industria e all'estensione del commercio, della navigazione e delle ferrovie

it reacted in proportion to how industry extended, and how commerce, navigation and railways extended

nella stessa proporzione in cui la borghesia si è sviluppata, ha aumentato il suo capitale

in the same proportion that the Bourgeoisie developed, they increased their capital

e la borghesia mise in secondo piano tutte le classi tramandate dal Medioevo

and the Bourgeoisie pushed into the background every class handed down from the Middle Ages

perciò la borghesia moderna è essa stessa il prodotto di un lungo corso di sviluppo

therefore the modern Bourgeoisie is itself the product of a long course of development

Vediamo che si tratta di una serie di rivoluzioni nei modi di produzione e di scambio

we see it is a series of revolutions in the modes of production and of exchange

Ogni passo di sviluppo della borghesia era accompagnato da un corrispondente avanzamento politico

Each developmental Bourgeoisie step was accompanied by a corresponding political advance

Una classe oppressa sotto l'influenza della nobiltà feudale

An oppressed class under the sway of the feudal nobility

un'associazione armata e autonoma nel comune medievale

an armed and self-governing association in the mediaeval commune

qui, una repubblica urbana indipendente (come in Italia e in Germania)

here, an independent urban republic (as in Italy and Germany)

lì, un "terzo stato" tassabile della monarchia (come in Francia)

there, a taxable "third estate" of the monarchy (as in France)

successivamente, nel periodo di fabbricazione propriamente detto

afterwards, in the period of manufacture proper

la borghesia serviva sia la monarchia semifeudale che quella assoluta

the Bourgeoisie served either the semi-feudal or the absolute monarchy

o la borghesia faceva da contrappeso alla nobiltà

or the Bourgeoisie acted as a counterpoise against the nobility

e, in effetti, la borghesia era una pietra angolare delle grandi monarchie in generale

and, in fact, the Bourgeoisie was a corner-stone of the great monarchies in general

ma l'industria moderna e il mercato mondiale si sono affermati da allora

but Modern Industry and the world-market established itself since then

e la borghesia si è conquistata il dominio politico esclusivo

and the Bourgeoisie has conquered for itself exclusive political sway

ha raggiunto questo dominio politico attraverso il moderno Stato rappresentativo

it achieved this political sway through the modern representative State

Gli esecutivi dello Stato moderno non sono altro che un comitato di gestione

The executives of the modern State are but a management committee

e dirigono gli affari comuni di tutta la borghesia

and they manage the common affairs of the whole of the Bourgeoisie

La borghesia, storicamente, ha svolto un ruolo rivoluzionario

The Bourgeoisie, historically, has played a most revolutionary part

Ovunque abbia preso il sopravvento, ha posto fine a tutte le relazioni feudali, patriarcali e idilliache

wherever it got the upper hand, it put an end to all feudal, patriarchal, and idyllic relations

Ha impietosamente spezzato i variegati legami feudali che legavano l'uomo ai suoi "superiori naturali"

It has pitilessly torn asunder the motley feudal ties that bound man to his "natural superiors"

e non è rimasto alcun nesso tra uomo e uomo, se non il nudo interesse personale

and it has left remaining no nexus between man and man, other than naked self-interest

Le relazioni reciproche dell'uomo non sono diventate altro che un insensibile "pagamento in contanti"

man's relations with one another have become nothing more than callous "cash payment"

Ha affogato le più celesti estasi di fervore religioso

It has drowned the most heavenly ecstasies of religious fervour

Ha affogato l'entusiasmo cavalleresco e il sentimentalismo

filisteo
it has drowned chivalrous enthusiasm and philistine
sentimentalism
**Ha annegato queste cose nell'acqua gelida del calcolo
egoistico**
it has drowned these things in the icy water of egotistical
calculation
Ha trasformato il valore personale in valore di scambio
It has resolved personal worth into exchangeable value
Ha sostituito le innumerevoli e inalienabili libertà sancite
it has replaced the numberless and indefeasible chartered
freedoms
e ha istituito un'unica, inconcepibile libertà; Libero scambio
and it has set up a single, unconscionable freedom; Free Trade
In una parola, lo ha fatto per lo sfruttamento
In one word, it has done this for exploitation
sfruttamento velato da illusioni religiose e politiche
exploitation veiled by religious and political illusions
**sfruttamento velato da uno sfruttamento nudo, spudorato,
diretto, brutale**
exploitation veiled by naked, shameless, direct, brutal
exploitation
**la borghesia ha tolto l'aureola da ogni occupazione prima
onorata e riverita**
the Bourgeoisie has stripped the halo off every previously
honoured and revered occupation
il medico, l'avvocato, il prete, il poeta e l'uomo di scienza
the physician, the lawyer, the priest, the poet, and the man of
science
**Ha trasformato questi distinti lavoratori in lavoratori
salariati retribuiti**
it has converted these distinguished workers into its paid
wage labourers
La borghesia ha strappato il velo sentimentale alla famiglia
The Bourgeoisie has torn the sentimental veil away from the
family

e ha ridotto il rapporto familiare a un mero rapporto di denaro

and it has reduced the family relation to a mere money relation

la brutale dimostrazione di vigore nel Medioevo che i reazionari tanto ammirano

the brutal display of vigour in the Middle Ages which Reactionists so much admire

Anche questo trovava il suo giusto complemento nell'indolenza più indolente

even this found its fitting complement in the most slothful indolence

La borghesia ha svelato come tutto questo sia avvenuto

The Bourgeoisie has disclosed how all this came to pass

La borghesia è stata la prima a mostrare ciò che l'attività dell'uomo può produrre

The Bourgeoisie have been the first to show what man's activity can bring about

Ha compiuto meraviglie che superano di gran lunga le piramidi egizie, gli acquedotti romani e le cattedrali gotiche

It has accomplished wonders far surpassing Egyptian pyramids, Roman aqueducts, and Gothic cathedrals

e ha condotto spedizioni che hanno messo in ombra tutti i precedenti Esodi di nazioni e crociate

and it has conducted expeditions that put in the shade all former Exoduses of nations and crusades

La borghesia non può esistere senza rivoluzionare costantemente gli strumenti di produzione

The Bourgeoisie cannot exist without constantly revolutionising the instruments of production

e quindi non può esistere senza i suoi rapporti con la produzione

and thereby it cannot exist without its relations to production

e quindi non può esistere senza le sue relazioni con la società

and therefore it cannot exist without its relations to society

Tutte le classi industriali precedenti avevano una condizione in comune

all earlier industrial classes had one condition in common

Essi si basavano sulla conservazione dei vecchi modi di produzione

they relied on the conservation of the old modes of production

ma la borghesia portò con sé una dinamica completamente nuova

but the Bourgeoisie brought with it a completely new dynamic

Rivoluzione costante della produzione e sconvolgimento ininterrotto di tutte le condizioni sociali

Constant revolutionizing of production and uninterrupted disturbance of all social conditions

questa eterna incertezza e agitazione distingue l'epoca della borghesia da tutte quelle precedenti

this everlasting uncertainty and agitation distinguishes the Bourgeoisie epoch from all earlier ones

I precedenti rapporti con la produzione erano accompagnati da antichi e venerabili pregiudizi e opinioni

previous relations with production came with ancient and venerable prejudices and opinions

Ma tutte queste relazioni fisse e congelate vengono spazzate via

but all of these fixed, fast-frozen relations are swept away

Tutte le relazioni di nuova formazione diventano antiquate prima di potersi ossificare

all new-formed relations become antiquated before they can ossify

Tutto ciò che è solido si scioglie nell'aria, e tutto ciò che è santo è profanato

All that is solid melts into air, and all that is holy is profaned

L'uomo è finalmente costretto a guardare con sobrietà le sue reali condizioni di vita

man is at last compelled to face with sober senses, his real conditions of life

ed è costretto ad affrontare i suoi rapporti con la sua specie

and he is compelled to face his relations with his kind

La borghesia ha costantemente bisogno di espandere i suoi mercati per i suoi prodotti

The Bourgeoisie constantly needs to expand its markets for its products

e, per questo, la borghesia è inseguita su tutta la superficie del globo

and, because of this, the Bourgeoisie is chased over the whole surface of the globe

La borghesia deve annidarsi dappertutto, stabilirsi dappertutto, stabilire connessioni dappertutto

The Bourgeoisie must nestle everywhere, settle everywhere, establish connections everywhere

La borghesia deve creare mercati in ogni angolo del mondo da sfruttare

The Bourgeoisie must create markets in every corner of the world to exploit

Alla produzione e al consumo di ogni paese è stato conferito un carattere cosmopolita

the production and consumption in every country has been given a cosmopolitan character

il dispiacere dei reazionari è palpabile, ma è andato avanti a prescindere

the chagrin of Reactionists is palpable, but it has carried on regardless

La borghesia ha tratto da sotto i piedi dell'industria il terreno nazionale su cui si trovava

The Bourgeoisie have drawn from under the feet of industry the national ground on which it stood

Tutte le vecchie industrie nazionali sono state distrutte, o vengono distrutte ogni giorno

all old-established national industries have been destroyed, or are daily being destroyed

Tutte le vecchie industrie nazionali vengono spodestate da nuove industrie

all old-established national industries are dislodged by new industries

La loro introduzione diventa una questione di vita o di morte per tutte le nazioni civili

their introduction becomes a life and death question for all civilised nations

Vengono spodestati da industrie che non lavorano più materie prime indigene

they are dislodged by industries that no longer work up indigenous raw material

Invece, queste industrie estraggono materie prime dalle zone più remote

instead, these industries pull raw materials from the remotest zones

industrie i cui prodotti vengono consumati, non solo a casa, ma in ogni parte del globo

industries whose products are consumed, not only at home, but in every quarter of the globe

Al posto dei vecchi bisogni, soddisfatti dalle produzioni del paese, troviamo nuovi bisogni

In place of the old wants, satisfied by the productions of the country, we find new wants

Questi nuovi bisogni richiedono per la loro soddisfazione i prodotti di terre e climi lontani

these new wants require for their satisfaction the products of distant lands and climes

Al posto della vecchia clausura e autosufficienza locale e nazionale, abbiamo il commercio

In place of the old local and national seclusion and self-sufficiency, we have trade

scambi internazionali in ogni direzione; interdipendenza universale delle nazioni

international exchange in every direction; universal inter-dependence of nations

E proprio come abbiamo dipendenza dai materiali, così dipendiamo dalla produzione intellettuale

and just as we have dependency on materials, so we are

dependent on intellectual production

Le creazioni intellettuali delle singole nazioni diventano proprietà comune

The intellectual creations of individual nations become common property

L'unilateralità nazionale e la ristrettezza di vedute diventano sempre più impossibili

National one-sidedness and narrow-mindedness become more and more impossible

e dalle numerose letterature nazionali e locali, nasce una letteratura mondiale

and from the numerous national and local literatures, there arises a world literature

mediante il rapido miglioramento di tutti gli strumenti di produzione

by the rapid improvement of all instruments of production

con i mezzi di comunicazione immensamente facilitati

by the immensely facilitated means of communication

La borghesia trascina tutte le nazioni (anche le più barbare) nella civiltà

The Bourgeoisie draws all (even the most barbarian nations) into civilisation

I prezzi bassi delle sue merci; l'artiglieria pesante che abbatte tutte le mura cinesi

The cheap prices of its commodities; the heavy artillery that batters down all Chinese walls

L'odio ostinatamente ostinato dei barbari contro gli stranieri è costretto a capitolare

the barbarians' intensely obstinate hatred of foreigners is forced to capitulate

Costringe tutte le nazioni, sotto pena di estinzione, ad adottare il modo di produzione borghese

It compels all nations, on pain of extinction, to adopt the Bourgeoisie mode of production

Li costringe a introdurre in mezzo a loro ciò che chiama civiltà

it compels them to introduce what it calls civilisation into their
midst

**La borghesia costringe i barbari a diventare essi stessi
borghesi**

The Bourgeoisie force the barbarians to become Bourgeoisie
themselves

**in una parola, la borghesia crea un mondo a sua immagine e
somiglianza**

in a word, the Bourgeoisie creates a world after its own image

**La borghesia ha assoggettato le campagne al dominio delle
città**

The Bourgeoisie has subjected the countryside to the rule of
the towns

**Ha creato enormi città e aumentato notevolmente la
popolazione urbana**

It has created enormous cities and greatly increased the urban
population

**Ha salvato una parte considerevole della popolazione
dall'idiozia della vita rurale**

it rescued a considerable part of the population from the
idiocy of rural life

ma ha reso gli abitanti delle campagne dipendenti dalle città

but it has made those in the the countryside dependent on the
towns

**e parimenti ha reso i paesi barbari dipendenti da quelli
civilizzati**

and likewise, it has made the barbarian countries dependent
on the civilised ones

**nazioni di contadini su nazioni di borghesia, l'Oriente
sull'Occidente**

nations of peasants on nations of Bourgeoisie, the East on the
West

**La borghesia elimina sempre più lo stato disperso della
popolazione**

The Bourgeoisie does away with the scattered state of the
population more and more

Ha agglomerato la produzione e ha concentrato la proprietà in poche mani

It has agglomerated production, and has concentrated property in a few hands

La conseguenza necessaria di ciò fu l'accentramento politico

The necessary consequence of this was political centralisation

C'erano state nazioni indipendenti e province vagamente collegate

there had been independent nations and loosely connected provinces

Avevano interessi, leggi, governi e sistemi fiscali separati

they had separate interests, laws, governments and systems of taxation

ma sono stati raggruppati in un'unica nazione, con un solo governo

but they have become lumped together into one nation, with one government

Ora hanno un interesse nazionale di classe, una frontiera e una tariffa doganale

they now have one national class-interest, one frontier and one customs-tariff

E questo interesse nazionale di classe è unificato sotto un unico codice di legge

and this national class-interest is unified under one code of law

la borghesia ha fatto molto durante il suo dominio di appena cento anni

the Bourgeoisie has achieved much during its rule of scarce one hundred years

forze produttive più massicce e colossali di tutte le generazioni precedenti messe insieme

more massive and colossal productive forces than have all preceding generations together

Le forze della natura sono sottomesse alla volontà dell'uomo e delle sue macchine

Nature's forces are subjugated to the will of man and his

machinery

La chimica è applicata a tutte le forme di industria e a tutti i tipi di agricoltura

chemistry is applied to all forms of industry and types of agriculture

la navigazione a vapore, le ferrovie, i telegrafi elettrici e la stampa

steam-navigation, railways, electric telegraphs, and the printing press

disboscamento di interi continenti per la coltivazione, canalizzazione dei fiumi

clearing of whole continents for cultivation, canalisation of rivers

intere popolazioni sono state evocate dal terreno e messe al lavoro

whole populations have been conjured out of the ground and put to work

Quale secolo precedente aveva avuto anche solo un presentimento di ciò che si sarebbe potuto scatenare?

what earlier century had even a presentiment of what could be unleashed?

Chi aveva previsto che tali forze produttive dormissero nel grembo del lavoro sociale?

who predicted that such productive forces slumbered in the lap of social labour?

Vediamo allora che i mezzi di produzione e di scambio sono stati generati nella società feudale

we see then that the means of production and of exchange were generated in feudal society

i mezzi di produzione sulle cui fondamenta si è costruita la borghesia

the means of production on whose foundation the Bourgeoisie built itself up

Ad un certo stadio dello sviluppo di questi mezzi di produzione e di scambio

At a certain stage in the development of these means of

production and of exchange
le condizioni in cui la società feudale produceva e scambiava
the conditions under which feudal society produced and exchanged
L'organizzazione feudale dell'agricoltura e dell'industria manifatturiera
the feudal organisation of agriculture and manufacturing industry
i rapporti feudali di proprietà non erano più compatibili con le condizioni materiali
the feudal relations of property were no longer compatible with the material conditions
Dovevano essere fatti a pezzi, quindi sono stati fatti a pezzi
They had to be burst asunder, so they were burst asunder
Al loro posto è entrata la libera concorrenza delle forze produttive
Into their place stepped free competition from the productive forces
ed erano accompagnate da una costituzione sociale e politica ad essa adattata
and they were accompanied by a social and political constitution adapted to it
ed era accompagnato dall'influenza economica e politica della classe borghese
and it was accompanied by the economical and political sway of the Bourgeoisie class
Un movimento simile sta avvenendo sotto i nostri occhi
A similar movement is going on before our own eyes
La società borghese moderna con i suoi rapporti di produzione, di scambio e di proprietà
Modern Bourgeoisie society with its relations of production, and of exchange, and of property
una società che ha evocato mezzi di produzione e di scambio così giganteschi
a society that has conjured up such gigantic means of production and of exchange

È come lo stregone che ha evocato le potenze del mondo inferiore

it is like the sorcerer who called up the powers of the nether world

Ma non è più in grado di controllare ciò che ha portato nel mondo

but he is no longer able to control what he has brought into the world

Per molti decenni la storia passata è stata legata da un filo conduttore

For many a decade past history was tied together by a common thread

La storia dell'industria e del commercio non è stata che la storia delle rivolte

the history of industry and commerce has been but the history of revolts

le rivolte delle moderne forze produttive contro le moderne condizioni di produzione

the revolts of modern productive forces against modern conditions of production

le rivolte delle moderne forze produttive contro i rapporti di proprietà

the revolts of modern productive forces against property relations

questi rapporti di proprietà sono le condizioni per l'esistenza della borghesia

these property relations are the conditions for the existence of the Bourgeoisie

e l'esistenza della borghesia determina le regole dei rapporti di proprietà

and the existence of the Bourgeoisie determines the rules for property relations

Basti citare il periodico ritorno delle crisi commerciali

it is enough to mention the periodical return of commercial crises

ogni crisi commerciale è più minacciosa per la società

borghese della precedente
each commercial crisis is more threatening to Bourgeoisie society than the last
In queste crisi gran parte dei prodotti esistenti vengono distrutti
In these crises a great part of the existing products are destroyed
Ma queste crisi distruggono anche le forze produttive create in precedenza
but these crises also destroy the previously created productive forces
In tutte le epoche precedenti queste epidemie sarebbero sembrate un'assurdità
in all earlier epochs these epidemics would have seemed an absurdity
Perché queste epidemie sono le crisi commerciali della sovrapproduzione
because these epidemics are the commercial crises of over-production
La società si ritrova improvvisamente rimessa in uno stato di momentanea barbarie
Society suddenly finds itself put back into a state of momentary barbarism
come se una guerra universale di devastazione avesse tagliato ogni mezzo di sussistenza
as if a universal war of devastation had cut off every means of subsistence
l'industria e il commercio sembrano essere stati distrutti; E perché?
industry and commerce seem to have been destroyed; and why?
Perché c'è troppa civiltà e troppi mezzi di sussistenza
Because there is too much civilisation and means of subsistence
e perché c'è troppa industria, e troppo commercio
and because there is too much industry, and too much

commerce

Le forze produttive a disposizione della società non sviluppano più la proprietà borghese

The productive forces at the disposal of society no longer develop Bourgeoisie property

Al contrario, sono diventati troppo potenti per queste condizioni, dalle quali sono incatenati

on the contrary, they have become too powerful for these conditions, by which they are fettered

non appena superano queste catene, portano il disordine in tutta la società borghese

as soon as they overcome these fetters, they bring disorder into the whole of Bourgeoisie society

e le forze produttive mettono in pericolo l'esistenza della proprietà borghese

and the productive forces endanger the existence of Bourgeoisie property

Le condizioni della società borghese sono troppo anguste per comprendere la ricchezza da esse creata

The conditions of Bourgeoisie society are too narrow to comprise the wealth created by them

E come fa la borghesia a superare queste crisi?

And how does the Bourgeoisie get over these crises?

Da un lato, supera queste crisi con la distruzione forzata di una massa di forze produttive

On the one hand, it overcomes these crises by the enforced destruction of a mass of productive forces

dall'altro, supera queste crisi con la conquista di nuovi mercati

on the other hand, it overcomes these crises by the conquest of new markets

e supera queste crisi con lo sfruttamento più completo delle vecchie forze produttive

and it overcomes these crises by the more thorough exploitation of the old forces of production

Vale a dire, aprendo la strada a crisi più estese e più

distruttive

That is to say, by paving the way for more extensive and more destructive crises

Supera la crisi diminuendo i mezzi con cui le crisi vengono prevenute

it overcomes the crisis by diminishing the means whereby crises are prevented

Le armi con le quali la borghesia ha abbattuto il feudalesimo sono ora rivolte contro se stessa

The weapons with which the Bourgeoisie felled feudalism to the ground are now turned against itself

Ma non solo la borghesia ha forgiato le armi che portano la morte a se stessa

But not only has the Bourgeoisie forged the weapons that bring death to itself

Ha anche chiamato all'esistenza gli uomini che devono brandire quelle armi

it has also called into existence the men who are to wield those weapons

e questi uomini sono la classe operaia moderna; sono i proletari

and these men are the modern working class; they are the proletarians

Nella misura in cui si sviluppa la borghesia, nella stessa proporzione si sviluppa il proletariato

In proportion as the Bourgeoisie is developed, in the same proportion is the Proletariat developed

La classe operaia moderna ha sviluppato una classe di operai

the modern working class developed a class of labourers

Questa classe di operai vive solo fino a quando trova lavoro

this class of labourers live only so long as they find work

e trovano lavoro solo finché il loro lavoro aumenta il capitale

and they find work only so long as their labour increases capital

Questi operai, che devono vendersi a pezzi, sono una merce

These labourers, who must sell themselves piece-meal, are a

commodity

Questi operai sono come ogni altro articolo di commercio

these labourers are like every other article of commerce

e di conseguenza sono esposti a tutte le vicissitudini della concorrenza

and they are consequently exposed to all the vicissitudes of competition

Devono resistere a tutte le fluttuazioni del mercato

they have to weather all the fluctuations of the market

A causa dell'uso estensivo di macchinari e della divisione del lavoro

Owing to the extensive use of machinery and to division of labour

L'opera dei proletari ha perduto ogni carattere individuale

the work of the proletarians has lost all individual character

E di conseguenza, il lavoro dei proletari ha perso ogni fascino per l'operaio

and consequently, the work of the proletarians has lost all charm for the workman

Diventa un'appendice della macchina, piuttosto che l'uomo che era una volta

He becomes an appendage of the machine, rather than the man he once was

Gli è richiesta solo l'abilità più semplice, monotona e più facile da acquisire

only the most simple, monotonous, and most easily acquired knack is required of him

Quindi, il costo di produzione di un operaio è limitato

Hence, the cost of production of a workman is restricted

essa è limitata quasi interamente ai mezzi di sussistenza di cui egli ha bisogno per il suo sostentamento

it is restricted almost entirely to the means of subsistence that he requires for his maintenance

ed è limitato ai mezzi di sussistenza di cui egli ha bisogno per la propagazione della sua razza

and it is restricted to the means of subsistence that he requires for the propagation of his race

Ma il prezzo di una merce, e quindi anche del lavoro, è uguale al suo costo di produzione

But the price of a commodity, and therefore also of labour, is equal to its cost of production

In proporzione, quindi, all'aumentare della repulsività del lavoro, il salario diminuisce

In proportion, therefore, as the repulsiveness of the work increases, the wage decreases

Anzi, la ripugnanza della sua opera aumenta a un ritmo ancora maggiore

Nay, the repulsiveness of his work increases at an even greater rate

Con l'aumento dell'uso delle macchine e della divisione del lavoro, aumenta anche il peso della fatica

as the use of machinery and division of labour increases, so does the burden of toil

Il peso della fatica è aumentato dal prolungamento dell'orario di lavoro

the burden of toil is increased by prolongation of the working hours

Ci si aspetta di più dall'operaio nello stesso tempo di prima

more is expected of the labourer in the same time as before

e naturalmente il peso della fatica è aumentato dalla velocità della macchina

and of course the burden of the toil is increased by the speed of the machinery

L'industria moderna ha trasformato la piccola bottega del padrone patriarcale nella grande fabbrica del capitalista industriale

Modern industry has converted the little workshop of the patriarchal master into the great factory of the industrial capitalist

Masse di operai, ammassati nella fabbrica, sono organizzati come soldati

Masses of labourers, crowded into the factory, are organised like soldiers

Come soldati semplici dell'esercito industriale sono posti sotto il comando di una perfetta gerarchia di ufficiali e sergenti

As privates of the industrial army they are placed under the command of a perfect hierarchy of officers and sergeants

non sono solo gli schiavi della classe borghese e dello Stato

they are not only the slaves of the Bourgeoisie class and State

ma sono anche quotidianamente e ogni ora schiavizzati dalla macchina

but they are also daily and hourly enslaved by the machine

essi sono schiavi dell'osservatore e, soprattutto, del singolo industriale borghese stesso

they are enslaved by the over-looker, and, above all, by the individual Bourgeoisie manufacturer himself

Quanto più apertamente questo dispotismo proclama il guadagno come suo fine e il suo scopo, tanto più meschino, tanto più odioso e più amareggiato è

The more openly this despotism proclaims gain to be its end and aim, the more petty, the more hateful and the more embittering it is

Quanto più l'industria moderna si sviluppa, tanto minori sono le differenze tra i sessi

the more modern industry becomes developed, the lesser are the differences between the sexes

Quanto meno l'abilità e l'esercizio della forza implicano nel lavoro manuale, tanto più il lavoro degli uomini è sostituito da quello delle donne

The less the skill and exertion of strength implied in manual labour, the more is the labour of men superseded by that of women

Le differenze di età e di sesso non hanno più alcuna validità sociale distintiva per la classe operaia

Differences of age and sex no longer have any distinctive social validity for the working class

Sono tutti strumenti di lavoro, più o meno costosi da usare, a

seconda dell'età e del sesso

All are instruments of labour, more or less expensive to use, according to their age and sex

non appena l'operaio riceve il suo salario in contanti, allora è attaccato dalle altre parti della borghesia

as soon as the labourer receives his wages in cash, than he is set upon by the other portions of the Bourgeoisie

il padrone di casa, il negoziante, il banco dei pegni, ecc

the landlord, the shopkeeper, the pawnbroker, etc

Gli strati inferiori della classe media; i piccoli artigiani e i negozianti

The lower strata of the middle class; the small trades people and shopkeepers

i commercianti in pensione, in generale, e gli artigiani e i contadini

the retired tradesmen generally, and the handicraftsmen and peasants

tutti questi sprofondano a poco a poco nel proletariato

all these sink gradually into the Proletariat

in parte perché il loro minuscolo capitale non è sufficiente per la scala su cui si svolge l'industria moderna

partly because their diminutive capital does not suffice for the scale on which Modern Industry is carried on

e perché è sommersa dalla concorrenza con i grandi capitalisti

and because it is swamped in the competition with the large capitalists

in parte perché la loro abilità specialistica è resa inutile dai nuovi metodi di produzione

partly because their specialized skill is rendered worthless by the new methods of production

Così il proletariato è reclutato da tutte le classi della popolazione

Thus the Proletariat is recruited from all classes of the population

Il proletariato attraversa vari stadi di sviluppo

The Proletariat goes through various stages of development
Con la sua nascita inizia la sua lotta contro la borghesia
With its birth begins its struggle with the Bourgeoisie
All'inizio la lotta è portata avanti da singoli operai
At first the contest is carried on by individual labourers
Poi la gara è portata avanti dagli operai di una fabbrica
then the contest is carried on by the workpeople of a factory
Poi la gara è condotta dagli operai di un mestiere, in una località
then the contest is carried on by the operatives of one trade, in one locality
e la contesa è allora contro la singola borghesia che li sfrutta direttamente
and the contest is then against the individual Bourgeoisie who directly exploits them
Essi dirigono i loro attacchi non contro le condizioni di produzione della borghesia
They direct their attacks not against the Bourgeoisie conditions of production
ma essi dirigono il loro attacco contro gli stessi strumenti di produzione
but they direct their attack against the instruments of production themselves
distruggono le merci importate che competono con la loro manodopera
they destroy imported wares that compete with their labour
Fanno a pezzi i macchinari e incendiano le fabbriche
they smash to pieces machinery and they set factories ablaze
cercano di restaurare con la forza lo status scomparso dell'operaio del Medioevo
they seek to restore by force the vanished status of the workman of the Middle Ages
In questa fase gli operai formano ancora una massa incoerente sparsa in tutto il paese
At this stage the labourers still form an incoherent mass scattered over the whole country

e sono spezzati dalla loro reciproca concorrenza

and they are broken up by their mutual competition

Se in qualche luogo si uniscono per formare corpi più compatti, ciò non è ancora la conseguenza della loro unione attiva

If anywhere they unite to form more compact bodies, this is not yet the consequence of their own active union

ma è una conseguenza dell'unione della borghesia, per raggiungere i propri fini politici

but it is a consequence of the union of the Bourgeoisie, to attain its own political ends

la borghesia è costretta a mettere in moto tutto il proletariato

the Bourgeoisie is compelled to set the whole Proletariat in motion

e inoltre, per un certo momento, la borghesia è in grado di farlo

and moreover, for a time being, the Bourgeoisie is able to do so

In questa fase, quindi, i proletari non combattono i loro nemici

At this stage, therefore, the proletarians do not fight their enemies

ma invece stanno combattendo i nemici dei loro nemici

but instead they are fighting the enemies of their enemies

la lotta contro i resti della monarchia assoluta e i proprietari terrieri

the fight the remnants of absolute monarchy and the landowners

combattono la borghesia non industriale; la piccola borghesia

they fight the non-industrial Bourgeoisie; the petty Bourgeoisie

Così tutto il movimento storico è concentrato nelle mani della borghesia

Thus the whole historical movement is concentrated in the hands of the Bourgeoisie

ogni vittoria così ottenuta è una vittoria per la borghesia
every victory so obtained is a victory for the Bourgeoisie
Ma con lo sviluppo dell'industria il proletariato non solo aumenta di numero
But with the development of industry the Proletariat not only increases in number
il proletariato si concentra in masse più grandi e la sua forza cresce
the Proletariat becomes concentrated in greater masses and its strength grows
e il proletariato sente sempre più questa forza
and the Proletariat feels that strength more and more
I diversi interessi e condizioni di vita nelle file del proletariato sono sempre più uguali
The various interests and conditions of life within the ranks of the Proletariat are more and more equalised
Esse diventano tanto più in proporzione quanto più le macchine cancellano tutte le distinzioni di lavoro
they become more in proportion as machinery obliterates all distinctions of labour
e i macchinari quasi dappertutto riducono i salari allo stesso basso livello
and machinery nearly everywhere reduces wages to the same low level
La crescente concorrenza tra la borghesia e le crisi commerciali che ne derivano rendono i salari degli operai sempre più fluttuanti
The growing competition among the Bourgeoisie, and the resulting commercial crises, make the wages of the workers ever more fluctuating
L'incessante miglioramento delle macchine, in continuo sviluppo, rende il loro sostentamento sempre più precario
The unceasing improvement of machinery, ever more rapidly developing, makes their livelihood more and more precarious
gli scontri tra i singoli operai e la borghesia individuale assumono sempre più il carattere di scontri tra due classi

the collisions between individual workmen and individual
Bourgeoisie take more and more the character of collisions
between two classes

**A quel punto gli operai cominciano a formare associazioni
(sindacati) contro la borghesia**

Thereupon the workers begin to form combinations (Trades
Unions) against the Bourgeoisie

si associano per mantenere alto il ritmo dei salari

they club together in order to keep up the rate of wages

**Fondarono associazioni permanenti per provvedere in
anticipo a queste rivolte occasionali**

they found permanent associations in order to make provision
beforehand for these occasional revolts

Qua e là la contesa scoppia in rivolte

Here and there the contest breaks out into riots

**Di tanto in tanto gli operai sono vittoriosi, ma solo per un
po'**

Now and then the workers are victorious, but only for a time

**Il vero frutto delle loro battaglie non sta nel risultato
immediato, ma nell'unione sempre più ampia dei lavoratori**

The real fruit of their battles lies, not in the immediate result,
but in the ever-expanding union of the workers

**Questa unione è favorita dal miglioramento dei mezzi di
comunicazione creati dall'industria moderna**

This union is helped on by the improved means of
communication that are created by modern industry

**La comunicazione moderna mette in contatto gli operai delle
diverse località gli uni con gli altri**

modern communication places the workers of different
localities in contact with one another

**Era proprio questo contatto che era necessario per
centralizzare le numerose lotte locali in un'unica lotta
nazionale tra le classi**

It was just this contact that was needed to centralise the
numerous local struggles into one national struggle between
classes

Tutte queste lotte hanno lo stesso carattere, e ogni lotta di classe è una lotta politica

all of these struggles are of the same character, and every class struggle is a political struggle

i borghesi del Medioevo, con le loro misere strade, impiegarono secoli per formare le loro unioni

the burghers of the Middle Ages, with their miserable highways, required centuries to form their unions

I proletari moderni, grazie alle ferrovie, realizzano le loro unioni nel giro di pochi anni

the modern proletarians, thanks to railways, achieve their unions within a few years

Questa organizzazione dei proletari in classe li formò di conseguenza in un partito politico

This organisation of the proletarians into a class consequently formed them into a political party

La classe politica è continuamente sconvolta dalla concorrenza tra gli stessi lavoratori

the political class is continually being upset again by the competition between the workers themselves

Ma la classe politica continua a rialzarsi, più forte, più ferma, più potente

But the political class continues to rise up again, stronger, firmer, mightier

Obbliga il riconoscimento legislativo degli interessi particolari dei lavoratori

It compels legislative recognition of particular interests of the workers

lo fa approfittando delle divisioni all'interno della stessa borghesia

it does this by taking advantage of the divisions among the Bourgeoisie itself

Così il disegno di legge delle dieci ore in Inghilterra è stato convertito in legge

Thus the ten-hours' bill in England was put into law

per molti versi gli scontri tra le classi della vecchia società

sono inoltre il corso dello sviluppo del proletariato

in many ways the collisions between the classes of the old
society further is the course of development of the Proletariat

La borghesia si trova coinvolta in una battaglia costante

The Bourgeoisie finds itself involved in a constant battle

**All'inizio si troverà coinvolto in una costante battaglia con
l'aristocrazia**

At first it will find itself involved in a constant battle with the
aristocracy

**in seguito si troverà coinvolta in una lotta costante con
quelle parti della borghesia stessa**

later on it will find itself involved in a constant battle with
those portions of the Bourgeoisie itself

**e i loro interessi saranno divenuti antagonisti al progresso
dell'industria**

and their interests will have become antagonistic to the
progress of industry

**in ogni momento, i loro interessi saranno diventati
antagonisti con la borghesia dei paesi stranieri**

at all times, their interests will have become antagonistic with
the Bourgeoisie of foreign countries

**In tutte queste battaglie si vede costretto a fare appello al
proletariato e chiede il suo aiuto**

In all these battles it sees itself compelled to appeal to the
Proletariat, and asks for its help

**E quindi, si sentirà in dovere di trascinarlo nell'arena
politica**

and thus, it will feel compelled to drag it into the political
arena

**La borghesia stessa fornisce quindi al proletariato i propri
strumenti di educazione politica e generale**

The Bourgeoisie itself, therefore, supplies the Proletariat with
its own instruments of political and general education

**in altre parole, fornisce al proletariato le armi per combattere
la borghesia**

in other words, it furnishes the Proletariat with weapons for fighting the Bourgeoisie

Inoltre, come abbiamo già visto, interi settori delle classi dominanti sono precipitati nel proletariato

Further, as we have already seen, entire sections of the ruling classes are precipitated into the Proletariat

l'avanzata dell'industria li risucchia nel proletariato

the advance of industry sucks them into the Proletariat

O, almeno, sono minacciati nelle loro condizioni di esistenza

or, at least, they are threatened in their conditions of existence

Esse forniscono anche al proletariato nuovi elementi di illuminazione e di progresso

These also supply the Proletariat with fresh elements of enlightenment and progress

Infine, nei momenti in cui la lotta di classe si avvicina all'ora decisiva

Finally, in times when the class struggle nears the decisive hour

il processo di dissoluzione in corso all'interno della classe dominante

the process of dissolution going on within the ruling class

In effetti, la dissoluzione in atto all'interno della classe dominante si farà sentire in tutta la gamma della società

in fact, the dissolution going on within the ruling class will be felt within the whole range of society

Assumerà un carattere così violento e lampante che una piccola parte della classe dominante si ridurrà alla deriva

it will take on such a violent, glaring character, that a small section of the ruling class cuts itself adrift

e che la classe dominante si unirà alla classe rivoluzionaria

and that ruling class will join the revolutionary class

La classe rivoluzionaria è la classe che ha il futuro nelle sue mani

the revolutionary class being the class that holds the future in its hands

Proprio come in un periodo precedente, una parte della nobiltà passò alla borghesia

Just as at an earlier period, a section of the nobility went over to the Bourgeoisie

allo stesso modo una parte della borghesia passerà al proletariato

the same way a portion of the Bourgeoisie will go over to the Proletariat

in particolare, una parte della borghesia passerà a una parte degli ideologi borghesi

in particular, a portion of the Bourgeoisie will go over to a portion of the Bourgeoisie ideologists

Ideologi borghesi che si sono elevati al livello di comprensione teorica del movimento storico nel suo insieme

Bourgeoisie ideologists who have raised themselves to the level of comprehending theoretically the historical movement as a whole

Di tutte le classi che oggi si trovano faccia a faccia con la borghesia, solo il proletariato è una classe veramente rivoluzionaria

Of all the classes that stand face to face with the Bourgeoisie today, the Proletariat alone is a really revolutionary class

Le altre classi decadono e alla fine scompaiono di fronte all'industria moderna

The other classes decay and finally disappear in the face of Modern Industry

il proletariato è il suo prodotto speciale ed essenziale

the Proletariat is its special and essential product

La piccola borghesia, il piccolo industriale, il negoziante, l'artigiano, il contadino

The lower middle class, the small manufacturer, the shopkeeper, the artisan, the peasant

tutte queste lotte contro la borghesia

all these fight against the Bourgeoisie

Combattono come frazioni della classe media per salvarsi dall'estinzione

they fight as fractions of the middle class to save themselves from extinction

Non sono quindi rivoluzionari, ma conservatori

They are therefore not revolutionary, but conservative

Anzi, sono reazionari, perché cercano di far tornare indietro la ruota della storia

Nay more, they are reactionary, for they try to roll back the wheel of history

Se per caso sono rivoluzionari, lo sono solo in vista del loro imminente passaggio al proletariato

If by chance they are revolutionary, they are so only in view of their impending transfer into the Proletariat

In questo modo non difendono i loro interessi presenti, ma quelli futuri

they thus defend not their present, but their future interests

abbandonano il proprio punto di vista per porsi a quello del proletariato

they desert their own standpoint to place themselves at that of the Proletariat

La "classe pericolosa", la feccia sociale, quella massa passivamente in putrefazione gettata via dagli strati più bassi della vecchia società

The "dangerous class," the social scum, that passively rotting mass thrown off by the lowest layers of old society

Possono, qua e là, essere trascinati nel movimento da una rivoluzione proletaria

they may, here and there, be swept into the movement by a proletarian revolution

Le sue condizioni di vita, tuttavia, lo preparano molto di più alla parte di uno strumento corrotto di intrighi reazionari

its conditions of life, however, prepare it far more for the part of a bribed tool of reactionary intrigue

Nelle condizioni del proletariato, quelle della vecchia società in generale sono già virtualmente sommerse

In the conditions of the Proletariat, those of old society at large are already virtually swamped

Il proletario è senza proprietà

The proletarian is without property

il suo rapporto con la moglie e i figli non ha più nulla in comune con i rapporti familiari della borghesia

his relation to his wife and children has no longer anything in common with the Bourgeoisie's family-relations

Il lavoro industriale moderno, la sudditanza moderna al capitale, lo stesso in Inghilterra come in Francia, in America come in Germania

modern industrial labour, modern subjection to capital, the same in England as in France, in America as in Germany

La sua condizione sociale lo ha spogliato di ogni traccia di carattere nazionale

his condition in society has stripped him of every trace of national character

La legge, la morale, la religione, sono per lui altrettanti pregiudizi borghesi

Law, morality, religion, are to him so many Bourgeoisie prejudices

e dietro questi pregiudizi si nascondono in agguato altrettanti interessi borghesi

and behind these prejudices lurk in ambush just as many Bourgeoisie interests

Tutte le classi precedenti che hanno preso il sopravvento, hanno cercato di fortificare il loro status già acquisito

All the preceding classes that got the upper hand, sought to fortify their already acquired status

Lo hanno fatto sottoponendo la società in generale alle loro condizioni di appropriazione

they did this by subjecting society at large to their conditions of appropriation

I proletari non possono diventare padroni delle forze produttive della società

The proletarians cannot become masters of the productive forces of society

Può farlo solo abolendo il loro precedente modo di appropriazione

it can only do this by abolishing their own previous mode of appropriation

e con ciò abolisce anche ogni altro modo precedente di appropriazione

and thereby it also abolishes every other previous mode of appropriation

Non hanno nulla di loro da proteggere e da fortificare

They have nothing of their own to secure and to fortify

La loro missione è quella di distruggere tutti i precedenti titoli e le assicurazioni sulla proprietà individuale

their mission is to destroy all previous securities for, and insurances of, individual property

Tutti i movimenti storici precedenti erano movimenti di minoranze

All previous historical movements were movements of minorities

o erano movimenti nell'interesse delle minoranze

or they were movements in the interests of minorities

Il movimento proletario è il movimento autocosciente e indipendente dell'immensa maggioranza

The proletarian movement is the self-conscious, independent movement of the immense majority

Ed è un movimento nell'interesse dell'immensa maggioranza

and it is a movement in the interests of the immense majority

Il proletariato, lo strato più basso della nostra società attuale

The Proletariat, the lowest stratum of our present society

Non può muoversi o sollevarsi senza che tutti gli strati sovrastanti della società ufficiale siano balzati in aria

it cannot stir or raise itself up without the whole superincumbent strata of official society being sprung into the air

Anche se non nella sostanza, ma nella forma, la lotta del proletariato contro la borghesia è in primo luogo una lotta nazionale

Though not in substance, yet in form, the struggle of the Proletariat with the Bourgeoisie is at first a national struggle

Il proletariato di ogni paese deve, naturalmente, prima di

tutto risolvere i conti con la propria borghesia

The Proletariat of each country must, of course, first of all settle matters with its own Bourgeoisie

Nel dipingere le fasi più generali dello sviluppo del proletariato, abbiamo tracciato la guerra civile più o meno velata

In depicting the most general phases of the development of the Proletariat, we traced the more or less veiled civil war

Questo civile sta imperversando all'interno della società esistente

this civil is raging within existing society

Infurierà fino al punto in cui la guerra scoppierà in una rivoluzione aperta

it will rage up to the point where that war breaks out into open revolution

e poi il rovesciamento violento della borghesia pone le basi per il dominio del proletariato

and then the violent overthrow of the Bourgeoisie lays the foundation for the sway of the Proletariat

Finora, ogni forma di società si è basata, come abbiamo già visto, sull'antagonismo tra classi oppresse e oppresse

Hitherto, every form of society has been based, as we have already seen, on the antagonism of oppressing and oppressed classes

Ma per opprimere una classe, è necessario assicurarle certe condizioni

But in order to oppress a class, certain conditions must be assured to it

La classe deve essere mantenuta in condizioni in cui possa, almeno, continuare la sua esistenza servile

the class must be kept under conditions in which it can, at least, continue its slavish existence

Il servo della gleba, nel periodo della servitù della gleba, si elevò a membro della comune

The serf, in the period of serfdom, raised himself to membership in the commune

così come la piccola borghesia, sotto il giogo
dell'assolutismo feudale, è riuscita a trasformarsi in
borghesia

just as the petty Bourgeoisie, under the yoke of feudal
absolutism, managed to develop into a Bourgeoisie

L'operaio moderno, al contrario, invece di elevarsi con il
progresso dell'industria, sprofonda sempre più

The modern labourer, on the contrary, instead of rising with
the progress of industry, sinks deeper and deeper

sprofonda al di sotto delle condizioni di esistenza della
propria classe

he sinks below the conditions of existence of his own class

Diventa un povero, e il pauperismo si sviluppa più
rapidamente della popolazione e della ricchezza

He becomes a pauper, and pauperism develops more rapidly
than population and wealth

E qui diventa evidente che la borghesia non è più adatta ad
essere la classe dominante nella società

And here it becomes evident, that the Bourgeoisie is unfit any
longer to be the ruling class in society

ed è inadatto a imporre le sue condizioni di esistenza alla
società come una legge suprema

and it is unfit to impose its conditions of existence upon
society as an over-riding law

È inadatto a governare perché è incapace di assicurare
un'esistenza al suo schiavo all'interno della sua schiavitù

It is unfit to rule because it is incompetent to assure an
existence to its slave within his slavery

perché non può fare a meno di lasciarlo sprofondare in un
tale stato, che deve nutrirlo, invece di essere nutrito da lui

because it cannot help letting him sink into such a state, that it
has to feed him, instead of being fed by him

La società non può più vivere sotto questa borghesia

Society can no longer live under this Bourgeoisie

In altre parole, la sua esistenza non è più compatibile con la
società

in other words, its existence is no longer compatible with society

La condizione essenziale per l'esistenza e per l'influenza della classe borghese è la formazione e l'accrescimento del capitale

The essential condition for the existence, and for the sway of the Bourgeoisie class, is the formation and augmentation of capital

La condizione per il capitale è il lavoro salariato

the condition for capital is wage-labour

Il lavoro salariato si basa esclusivamente sulla concorrenza tra gli operai

Wage-labour rests exclusively on competition between the labourers

Il progresso dell'industria, il cui promotore involontario è la borghesia, sostituisce l'isolamento degli operai

The advance of industry, whose involuntary promoter is the Bourgeoisie, replaces the isolation of the labourers

a causa della concorrenza, a causa della loro combinazione rivoluzionaria, a causa dell'associazione

due to competition, due to their revolutionary combination, due to association

Lo sviluppo dell'industria moderna toglie da sotto i suoi piedi le fondamenta stesse su cui la borghesia produce e si appropria dei prodotti

The development of Modern Industry cuts from under its feet the very foundation on which the Bourgeoisie produces and appropriates products

Ciò che la borghesia produce, soprattutto, sono i suoi becchini

What the Bourgeoisie produces, above all, is its own grave-diggers

La caduta della borghesia e la vittoria del proletariato sono ugualmente inevitabili

The fall of the Bourgeoisie and the victory of the Proletariat are equally inevitable

Proletari e comunisti
Proletarians and Communists

In che rapporto si collocano i comunisti con l'insieme dei proletari?
In what relation do the Communists stand to the proletarians as a whole?

I comunisti non formano un partito separato che si contrappone agli altri partiti della classe operaia
The Communists do not form a separate party opposed to other working-class parties

Essi non hanno interessi separati e separati da quelli del proletariato nel suo insieme
They have no interests separate and apart from those of the proletariat as a whole

Essi non stabiliscono alcun principio settario proprio, con il quale plasmare e plasmare il movimento proletario
They do not set up any sectarian principles of their own, by which to shape and mould the proletarian movement

I comunisti si distinguono dagli altri partiti operai solo per due cose
The Communists are distinguished from the other working-class parties by only two things

In primo luogo, essi mettono in evidenza e mettono in primo piano gli interessi comuni di tutto il proletariato, indipendentemente da ogni nazionalità
Firstly, they point out and bring to the front the common interests of the entire proletariat, independently of all nationality

Questo fanno nelle lotte nazionali dei proletari dei diversi paesi
this they do in the national struggles of the proletarians of the different countries

In secondo luogo, essi rappresentano sempre e ovunque gli interessi del movimento nel suo insieme
Secondly, they always and everywhere represent the interests

of the movement as a whole

questo fanno nei vari stadi di sviluppo, attraverso i quali deve passare la lotta della classe operaia contro la borghesia

this they do in the various stages of development, which the struggle of the working class against the Bourgeoisie has to pass through

I comunisti, quindi, sono da una parte, praticamente, la parte più avanzata e risoluta dei partiti operai di tutti i paesi

The Communists, therefore, are on the one hand, practically, the most advanced and resolute section of the working-class parties of every country

Sono quella parte della classe operaia che spinge avanti tutte le altre

they are that section of the working class which pushes forward all others

In teoria, hanno anche il vantaggio di comprendere chiaramente la linea di marcia

theoretically, they also have the advantage of clearly understanding the line of march

Lo capiscono meglio se paragonato alla grande massa del proletariato

this they understand better compared the great mass of the proletariat

Essi comprendono le condizioni e i risultati generali ultimi del movimento proletario

they understand the conditions, and the ultimate general results of the proletarian movement

Lo scopo immediato del comunista è lo stesso di tutti gli altri partiti proletari

The immediate aim of the Communist is the same as that of all the other proletarian parties

Il loro scopo è la formazione del proletariato in una classe

their aim is the formation of the proletariat into a class

mirano a rovesciare la supremazia della borghesia

they aim to overthrow the Bourgeoisie supremacy

la lotta per la conquista del potere politico da parte del

proletariato
the strive for the conquest of political power by the proletariat
**Le conclusioni teoriche dei comunisti non sono in alcun
modo basate su idee o principi dei riformatori**
The theoretical conclusions of the Communists are in no way
based on ideas or principles of reformers
**non furono gli aspiranti riformatori universali a inventare o
scoprire le conclusioni teoriche dei comunisti**
it wasn't would-be universal reformers that invented or
discovered the theoretical conclusions of the Communists
**Esse si limitano ad esprimere, in termini generali, i rapporti
reali che scaturiscono da una lotta di classe esistente**
They merely express, in general terms, actual relations
springing from an existing class struggle
**E descrivono il movimento storico che si sta svolgendo sotto
i nostri occhi e che ha creato questa lotta di classe**
and they describe the historical movement going on under our
very eyes that have created this class struggle
**L'abolizione dei rapporti di proprietà esistenti non è affatto
una caratteristica distintiva del comunismo**
The abolition of existing property relations is not at all a
distinctive feature of Communism
**Tutti i rapporti di proprietà nel passato sono stati
continuamente soggetti a cambiamenti storici**
All property relations in the past have continually been subject
to historical change
**e questi cambiamenti sono stati conseguenti al mutamento
delle condizioni storiche**
and these changes were consequent upon the change in
historical conditions
**La Rivoluzione francese, ad esempio, abolì la proprietà
feudale a favore della proprietà borghese**
The French Revolution, for example, abolished feudal
property in favour of Bourgeoisie property
**La caratteristica distintiva del comunismo non è l'abolizione
della proprietà, in generale**

The distinguishing feature of Communism is not the abolition of property, generally

ma la caratteristica distintiva del comunismo è l'abolizione della proprietà borghese

but the distinguishing feature of Communism is the abolition of Bourgeoisie property

Ma la moderna borghesia privata è l'espressione finale e più completa del sistema di produzione e di appropriazione dei prodotti

But modern Bourgeoisie private property is the final and most complete expression of the system of producing and appropriating products

È lo stato finale di un sistema che si basa su antagonismi di classe, dove l'antagonismo di classe è lo sfruttamento dei molti da parte di pochi

it is the final state of a system that is based on class antagonisms, where class antagonism is the exploitation of the many by the few

In questo senso, la teoria dei comunisti può essere riassunta in una sola frase; l'abolizione della proprietà privata

In this sense, the theory of the Communists may be summed up in the single sentence; the Abolition of private property

A noi comunisti è stato rimproverato il desiderio di abolire il diritto di acquistare personalmente la proprietà

We Communists have been reproached with the desire of abolishing the right of personally acquiring property

Si sostiene che questa proprietà sia il frutto del lavoro dell'uomo

it is claimed that this property is the fruit of a man's own labour

E questa proprietà è considerata il fondamento di tutta la libertà, l'attività e l'indipendenza personale.

and this property is alleged to be the groundwork of all personal freedom, activity and independence.

"Proprietà conquistata con fatica, auto-acquisita, auto-guadagnata!"

"Hard-won, self-acquired, self-earned property!"

Intendi la proprietà del piccolo artigiano e del piccolo contadino?

Do you mean the property of the petty artisan and of the small peasant?

Intendi una forma di proprietà che ha preceduto la forma borghese?

Do you mean a form of property that preceded the Bourgeoisie form?

Non c'è bisogno di abolirlo, lo sviluppo dell'industria l'ha già in gran parte distrutto

There is no need to abolish that, the development of industry has to a great extent already destroyed it

e lo sviluppo dell'industria continua a distruggerla ogni giorno

and development of industry is still destroying it daily

O intendi la proprietà privata della borghesia moderna?

Or do you mean modern Bourgeoisie private property?

Ma il lavoro salariato crea una qualche proprietà per l'operaio?

But does wage-labour create any property for the labourer?

No, il lavoro salariato non crea un briciolo di questo tipo di proprietà!

no, wage labour creates not one bit of this kind of property!

Ciò che il lavoro salariato crea è il capitale; quel tipo di proprietà che sfrutta il lavoro salariato

what wage labour does create is capital; that kind of property which exploits wage-labour

Il capitale non può aumentare se non a condizione di generare una nuova offerta di lavoro salariato per un nuovo sfruttamento

capital cannot increase except upon condition of begetting a new supply of wage-labour for fresh exploitation

La proprietà, nella sua forma attuale, si basa sull'antagonismo tra capitale e lavoro salariato

Property, in its present form, is based on the antagonism of capital and wage-labour

Esaminiamo entrambi i lati di questo antagonismo

Let us examine both sides of this antagonism

Essere capitalista significa avere non solo uno status puramente personale

To be a capitalist is to have not only a purely personal status

Invece, essere un capitalista significa anche avere uno status sociale nella produzione

instead, to be a capitalist is also to have a social status in production

perché il capitale è un prodotto collettivo; Solo con l'azione congiunta di molti membri può essere messa in moto

because capital is a collective product; only by the united action of many members can it be set in motion

Ma questa azione unitaria è l'ultima risorsa, e in realtà richiede tutti i membri della società

but this united action is a last resort, and actually requires all members of society

Il capitale viene convertito in proprietà di tutti i membri della società

Capital does get converted into the property of all members of society

ma il Capitale non è, quindi, un potere personale; è un potere sociale

but Capital is, therefore, not a personal power; it is a social power

Così, quando il capitale viene convertito in proprietà sociale, la proprietà personale non si trasforma in proprietà sociale

so when capital is converted into social property, personal property is not thereby transformed into social property

È solo il carattere sociale della proprietà che viene modificato e perde il suo carattere di classe

It is only the social character of the property that is changed, and loses its class-character

Esaminiamo ora il lavoro salariato

Let us now look at wage-labour

Il prezzo medio del lavoro salariato è il salario minimo, cioè quel quantum dei mezzi di sussistenza

The average price of wage-labour is the minimum wage, i.e., that quantum of the means of subsistence

Questo salario è assolutamente richiesto nella semplice esistenza di un operaio

this wage is absolutely requisite in bare existence as a labourer

Ciò di cui dunque l'operaio salariato si appropria con il suo lavoro, basta solo a prolungare e a riprodurre la nuda esistenza

What, therefore, the wage-labourer appropriates by means of his labour, merely suffices to prolong and reproduce a bare existence

Noi non intendiamo affatto abolire questa appropriazione personale dei prodotti del lavoro

We by no means intend to abolish this personal appropriation of the products of labour

uno stanziamento che viene fatto per il mantenimento e la riproduzione della vita umana

an appropriation that is made for the maintenance and reproduction of human life

Tale appropriazione personale dei prodotti del lavoro non lascia alcuna eccedenza con cui comandare il lavoro altrui

such personal appropriation of the products of labour leave no surplus wherewith to command the labour of others

L'unica cosa che vogliamo eliminare è il carattere miserabile di questo stanziamento

All that we want to do away with, is the miserable character of this appropriation

l'appropriazione sotto la quale l'operaio vive solo per aumentare il capitale

the appropriation under which the labourer lives merely to increase capital

gli è permesso di vivere solo nella misura in cui l'interesse della classe dominante lo richiede

he is allowed to live only in so far as the interest of the ruling class requires it

Nella società borghese, il lavoro vivo non è che un mezzo per aumentare il lavoro accumulato

In Bourgeoisie society, living labour is but a means to increase accumulated labour

Nella società comunista, il lavoro accumulato non è che un mezzo per allargare, per arricchire, per promuovere l'esistenza dell'operaio

In Communist society, accumulated labour is but a means to widen, to enrich, to promote the existence of the labourer

Nella società borghese, dunque, il passato domina il presente

In Bourgeoisie society, therefore, the past dominates the present

nella società comunista il presente domina il passato

in Communist society the present dominates the past

Nella società borghese il capitale è indipendente e ha individualità

In Bourgeoisie society capital is independent and has individuality

Nella società borghese l'uomo vivente è dipendente e non ha individualità

In Bourgeoisie society the living person is dependent and has no individuality

E l'abolizione di questo stato di cose è chiamata dalla borghesia abolizione dell'individualità e della libertà!

And the abolition of this state of things is called by the Bourgeoisie, abolition of individuality and freedom!

Ed è giustamente chiamata l'abolizione dell'individualità e della libertà!

And it is rightly called the abolition of individuality and freedom!

Il comunismo mira all'abolizione dell'individualità borghese

Communism aims for the abolition of Bourgeoisie individuality

Il comunismo mira all'abolizione dell'indipendenza della borghesia

Communism intends for the abolition of Bourgeoisie independence

La libertà della borghesia è senza dubbio ciò a cui mira il comunismo

Bourgeoisie freedom is undoubtedly what communism is aiming at

nelle attuali condizioni di produzione della borghesia, libertà significa libero scambio, libera vendita e libero acquisto

under the present Bourgeoisie conditions of production, freedom means free trade, free selling and buying

Ma se la vendita e l'acquisto scompaiono, scompare anche la vendita e l'acquisto gratuiti

But if selling and buying disappears, free selling and buying also disappears

Le "parole coraggiose" della borghesia sulla libera vendita e sull'acquisto hanno un significato solo in senso limitato

"brave words" by the Bourgeoisie about free selling and buying only have meaning in a limited sense

Queste parole hanno significato solo in contrasto con la vendita e l'acquisto limitati

these words have meaning only in contrast with restricted selling and buying

e queste parole hanno significato solo se applicate ai commercianti incatenati del Medioevo

and these words have meaning only when applied to the fettered traders of the Middle Ages

e ciò presuppone che queste parole abbiano anche un significato in senso borghese

and that assumes these words even have meaning in a Bourgeoisie sense

ma queste parole non hanno alcun significato quando vengono usate per opporsi all'abolizione comunista della compravendita

but these words have no meaning when they're being used to oppose the Communistic abolition of buying and selling

le parole non hanno alcun significato quando vengono usate per opporsi all'abolizione delle condizioni di produzione della borghesia

the words have no meaning when they're being used to oppose the Bourgeoisie conditions of production being abolished

e non hanno alcun significato quando vengono usati per opporsi all'abolizione della borghesia stessa

and they have no meaning when they're being used to oppose the Bourgeoisie itself being abolished

Siete inorriditi dalla nostra intenzione di farla finita con la proprietà privata

You are horrified at our intending to do away with private property

Ma nella vostra società attuale, la proprietà privata è già abolita per i nove decimi della popolazione

But in your existing society, private property is already done away with for nine-tenths of the population

L'esistenza della proprietà privata per pochi è dovuta unicamente alla sua inesistenza nelle mani dei nove decimi della popolazione

the existence of private property for the few is solely due to its non-existence in the hands of nine-tenths of the population

Perciò ci rimproverate di voler sopprimere una forma di proprietà

You reproach us, therefore, with intending to do away with a form of property

Ma la proprietà privata richiede l'inesistenza di qualsiasi proprietà per l'immensa maggioranza della società

but private property necessitates the non-existence of any property for the immense majority of society

In una parola, ci rimproverate di voler eliminare la vostra proprietà

In one word, you reproach us with intending to do away with

your property

Ed è proprio così; eliminare la tua proprietà è proprio quello che intendiamo

And it is precisely so; doing away with your Property is just what we intend

Dal momento in cui il lavoro non può più essere convertito in capitale, denaro o rendita

From the moment when labour can no longer be converted into capital, money, or rent

quando il lavoro non potrà più essere convertito in un potere sociale monopolizzabile

when labour can no longer be converted into a social power capable of being monopolised

dal momento in cui la proprietà individuale non può più essere trasformata in proprietà borghese

from the moment when individual property can no longer be transformed into Bourgeoisie property

dal momento in cui la proprietà individuale non può più essere trasformata in capitale

from the moment when individual property can no longer be transformed into capital

Da quel momento, dici che l'individualità svanisce

from that moment, you say individuality vanishes

Dovete dunque confessare che per "individuo" non intendete altro che la borghesia

You must, therefore, confess that by "individual" you mean no other person than the Bourgeoisie

Devi confessare che si riferisce specificamente al proprietario di proprietà della classe media

you must confess it specifically refers to the middle-class owner of property

Questa persona deve, infatti, essere spazzata via e resa impossibile

This person must, indeed, be swept out of the way, and made impossible

Il comunismo non priva nessun uomo del potere di

appropriarsi dei prodotti della società

Communism deprives no man of the power to appropriate the products of society

tutto ciò che il comunismo fa è privarlo del potere di soggiogare il lavoro altrui per mezzo di tale appropriazione

all that Communism does is to deprive him of the power to subjugate the labour of others by means of such appropriation

E' stato obiettato che, con l'abolizione della proprietà privata, tutto il lavoro cesserà

It has been objected that upon the abolition of private property all work will cease

e si suggerisce allora che la pigrizia universale ci sopraffarà

and it is then suggested that universal laziness will overtake us

Secondo questo, la società borghese avrebbe dovuto andare molto tempo fa ai cani per pura pigrizia

According to this, Bourgeoisie society ought long ago to have gone to the dogs through sheer idleness

perché quelli dei suoi membri che lavorano, non acquisiscono nulla

because those of its members who work, acquire nothing

e quelli dei suoi membri che acquistano qualcosa, non lavorano

and those of its members who acquire anything, do not work

Tutta questa obiezione non è che un'altra espressione della tautologia

The whole of this objection is but another expression of the tautology

Non ci può più essere lavoro salariato quando non c'è più capitale

there can no longer be any wage-labour when there is no longer any capital

Non c'è differenza tra prodotti materiali e prodotti mentali

there is no difference between material products and mental products

Il comunismo propone che entrambi siano prodotti allo

stesso modo

communism proposes both of these are produced in the same way

ma le obiezioni contro i modi comunisti di produrli sono le stesse

but the objections against the Communistic modes of producing these are the same

per la borghesia la scomparsa della proprietà di classe è la scomparsa della produzione stessa

to the Bourgeoisie the disappearance of class property is the disappearance of production itself

Così la scomparsa della cultura di classe è per lui identica alla scomparsa di ogni cultura

so the disappearance of class culture is to him identical with the disappearance of all culture

Quella cultura, di cui lamenta la perdita, è per la stragrande maggioranza un mero addestramento ad agire come una macchina

That culture, the loss of which he laments, is for the enormous majority a mere training to act as a machine

I comunisti hanno l'intenzione di abolire la cultura della proprietà borghese

Communists very much intend to abolish the culture of Bourgeoisie property

Ma non litigate con noi fintanto che applicate lo standard delle vostre nozioni borghesi di libertà, cultura, legge, ecc

But don't wrangle with us so long as you apply the standard of your Bourgeoisie notions of freedom, culture, law, etc

Le vostre stesse idee non sono che il risultato delle condizioni della vostra produzione borghese e della vostra proprietà borghese

Your very ideas are but the outgrowth of the conditions of your Bourgeoisie production and Bourgeoisie property

così come la tua giurisprudenza non è che la volontà della tua classe trasformata in legge per tutti

just as your jurisprudence is but the will of your class made

into a law for all
Il carattere essenziale e la direzione di questa volontà sono determinati dalle condizioni economiche create dalla vostra classe sociale
the essential character and direction of this will are determined by the economical conditions your social class create
L'equivoco egoistico che vi induce a trasformare le forme sociali in leggi eterne della natura e della ragione
The selfish misconception that induces you to transform social forms into eternal laws of nature and of reason
le forme sociali che scaturiscono dal vostro attuale modo di produzione e dalla forma della proprietà
the social forms springing from your present mode of production and form of property
rapporti storici che sorgono e scompaiono nel corso della produzione
historical relations that rise and disappear in the progress of production
Questo equivoco lo condividete con ogni classe dirigente che vi ha preceduto
this misconception you share with every ruling class that has preceded you
Ciò che si vede chiaramente nel caso della proprietà antica, ciò che si ammette nel caso della proprietà feudale
What you see clearly in the case of ancient property, what you admit in the case of feudal property
queste cose vi è naturalmente proibito di ammetterle nel caso della vostra forma di proprietà borghese
these things you are of course forbidden to admit in the case of your own Bourgeoisie form of property
Abolizione della famiglia! Anche i più radicali si infiammano di fronte a questa infame proposta dei comunisti
Abolition of the family! Even the most radical flare up at this infamous proposal of the Communists

Su quali basi si fonda la famiglia attuale, la famiglia borghese?

On what foundation is the present family, the Bourgeoisie family, based?

La fondazione dell'attuale famiglia si basa sul capitale e sul guadagno privato

the foundation of the present family is based on capital and private gain

Nella sua forma completamente sviluppata, questa famiglia esiste solo tra la borghesia

In its completely developed form this family exists only among the Bourgeoisie

Questo stato di cose trova il suo complemento nell'assenza pratica della famiglia tra i proletari

this state of things finds its complement in the practical absence of the family among the proletarians

Questo stato di cose si ritrova nella prostituzione pubblica

this state of things can be found in public prostitution

La famiglia della borghesia scomparirà come una cosa naturale quando svanirà il suo complemento

The Bourgeoisie family will vanish as a matter of course when its complement vanishes

ed entrambe queste volontà svaniranno con la scomparsa del capitale

and both of these will will vanish with the vanishing of capital

Ci accusate di voler fermare lo sfruttamento dei bambini da parte dei loro genitori?

Do you charge us with wanting to stop the exploitation of children by their parents?

Di questo crimine ci dichiariamo colpevoli

To this crime we plead guilty

Ma, direte voi, noi distruggiamo la più sacra delle relazioni, quando sostituiamo l'educazione domestica con l'educazione sociale

But, you will say, we destroy the most hallowed of relations, when we replace home education by social education

La tua educazione non è anche sociale? E non è forse determinato dalle condizioni sociali in cui si educa?

is your education not also social? And is it not determined by the social conditions under which you educate?

dall'intervento, diretto o indiretto, della società, per mezzo delle scuole, ecc.

by the intervention, direct or indirect, of society, by means of schools, etc.

I comunisti non hanno inventato l'intervento della società nell'educazione

The Communists have not invented the intervention of society in education

non fanno altro che cercare di modificare il carattere di tale intervento

they do but seek to alter the character of that intervention

E cercano di salvare l'istruzione dall'influenza della classe dominante

and they seek to rescue education from the influence of the ruling class

La borghesia parla della sacra correlazione tra genitore e figlio

The Bourgeoisie talk of the hallowed co-relation of parent and child

ma questa trappola sulla famiglia e l'educazione diventa ancora più disgustosa quando guardiamo all'industria moderna

but this clap-trap about the family and education becomes all the more disgusting when we look at Modern Industry

Tutti i legami familiari tra i proletari sono lacerati dall'industria moderna

all family ties among the proletarians are torn asunder by modern industry

i loro figli si trasformano in semplici oggetti di commercio e strumenti di lavoro

their children are transformed into simple articles of commerce and instruments of labour

Ma voi comunisti volete creare una comunità di donne, grida in coro tutta la borghesia

But you Communists would create a community of women, screams the whole Bourgeoisie in chorus

La borghesia vede nella moglie un mero strumento di produzione

The Bourgeoisie sees in his wife a mere instrument of production

Sente dire che gli strumenti di produzione devono essere sfruttati da tutti

He hears that the instruments of production are to be exploited by all

e, naturalmente, non può giungere ad altra conclusione se non che la sorte di essere comune a tutti toccherà anche alle donne

and, naturally, he can come to no other conclusion than that the lot of being common to all will likewise fall to women

Non ha nemmeno il sospetto che il vero scopo sia quello di eliminare lo status delle donne come meri strumenti di produzione

He has not even a suspicion that the real point is to do away with the status of women as mere instruments of production

Del resto, nulla è più ridicolo dell'indignazione virtuosa della nostra borghesia di fronte alla comunità delle donne

For the rest, nothing is more ridiculous than the virtuous indignation of our Bourgeoisie at the community of women

pretendono che sia apertamente e ufficialmente stabilito dai comunisti

they pretend it is to be openly and officially established by the Communists

I comunisti non hanno bisogno di introdurre la comunità delle donne, esiste quasi da tempo immemorabile

The Communists have no need to introduce community of women, it has existed almost from time immemorial

La nostra borghesia non si accontenta di avere a disposizione le mogli e le figlie dei suoi proletari

Our Bourgeoisie are not content with having the wives and
daughters of their proletarians at their disposal

**provano il più grande piacere nel sedurre le mogli l'uno
dell'altro**

they take the greatest pleasure in seducing each other's wives

E questo per non parlare delle prostitute comuni

and that is not even to speak of common prostitutes

**Il matrimonio borghese è in realtà un sistema di mogli in
comune**

Bourgeoisie marriage is in reality a system of wives in
common

**allora c'è una cosa che potrebbe essere rimproverata ai
comunisti**

then there is one thing that the Communists might possibly be
reproached with

**Desiderano introdurre una comunità di donne apertamente
legalizzata**

they desire to introduce an openly legalised community of
women

piuttosto che una comunità di donne ipocritamente nascosta

rather than a hypocritically concealed community of women

**la comunità delle donne che scaturisce dal sistema di
produzione**

the community of women springing from the system of
production

**Abolite il sistema di produzione e abolirete la comunità
delle donne**

abolish the system of production, and you abolish the
community of women

**sia la prostituzione pubblica è abolita, sia la prostituzione
privata**

both public prostitution is abolished, and private prostitution

**Ai comunisti si rimprovera inoltre di voler abolire i paesi e
le nazionalità**

The Communists are further more reproached with desiring to
abolish countries and nationality

I lavoratori non hanno patria, quindi non possiamo togliere loro ciò che non hanno

The working men have no country, so we cannot take from them what they have not got

Il proletariato deve prima di tutto acquisire la supremazia politica

the proletariat must first of all acquire political supremacy

Il proletariato deve elevarsi ad essere la classe dirigente della nazione

the proletariat must rise to be the leading class of the nation

Il proletariato deve costituirsi in nazione

the proletariat must constitute itself the nation

essa stessa è, finora, nazionale, anche se non nel senso borghese del termine

it is, so far, itself national, though not in the Bourgeoisie sense of the word

Le differenze nazionali e gli antagonismi tra i popoli stanno svanendo ogni giorno di più

National differences and antagonisms between peoples are daily more and more vanishing

grazie allo sviluppo della borghesia, alla libertà di commercio, al mercato mondiale

owing to the development of the Bourgeoisie, to freedom of commerce, to the world-market

all'uniformità del modo di produzione e delle condizioni di vita ad esso corrispondenti

to uniformity in the mode of production and in the conditions of life corresponding thereto

La supremazia del proletariato li farà svanire ancora più rapidamente

The supremacy of the proletariat will cause them to vanish still faster

L'azione unitaria, almeno dei principali paesi civili, è una delle prime condizioni per l'emancipazione del proletariato

United action, of the leading civilised countries at least, is one of the first conditions for the emancipation of the proletariat

Nella misura in cui si pone fine allo sfruttamento di un individuo da parte di un altro, si porrà fine anche allo sfruttamento di una nazione da parte di un'altra

In proportion as the exploitation of one individual by another is put an end to, the exploitation of one nation by another will also be put an end to

Nella misura in cui l'antagonismo tra le classi all'interno della nazione svanisce, l'ostilità di una nazione verso l'altra finirà

In proportion as the antagonism between classes within the nation vanishes, the hostility of one nation to another will come to an end

Le accuse contro il comunismo mosse da un punto di vista religioso, filosofico e, in generale, ideologico, non meritano un serio esame

The charges against Communism made from a religious, a philosophical, and, generally, from an ideological standpoint, are not deserving of serious examination

Ci vuole una profonda intuizione per comprendere che le idee, i punti di vista e le concezioni dell'uomo cambiano ad ogni cambiamento delle condizioni della sua esistenza materiale?

Does it require deep intuition to comprehend that man's ideas, views and conceptions changes with every change in the conditions of his material existence?

Non è forse evidente che la coscienza dell'uomo cambia quando cambiano le sue relazioni sociali e la sua vita sociale?

is it not obvious that man's consciousness changes when his social relations and his social life changes?

Che cos'altro prova la storia delle idee, se non che la produzione intellettuale cambia il suo carattere nella misura in cui cambia la produzione materiale?

What else does the history of ideas prove, than that intellectual production changes its character in proportion as material production is changed?

Le idee dominanti di ogni epoca sono sempre state le idee della sua classe dominante

The ruling ideas of each age have ever been the ideas of its ruling class

Quando si parla di idee che rivoluzionano la società, non si fa altro che esprimere un fatto

When people speak of ideas that revolutionise society, they do but express one fact

All'interno della vecchia società, sono stati creati gli elementi di una nuova società

within the old society, the elements of a new one have been created

e che la dissoluzione delle vecchie idee va di pari passo con la dissoluzione delle vecchie condizioni di esistenza

and that the dissolution of the old ideas keeps even pace with the dissolution of the old conditions of existence

Quando il mondo antico era agli ultimi spasimi, le antiche religioni furono sopraffatte dal cristianesimo

When the ancient world was in its last throes, the ancient religions were overcome by Christianity

Quando le idee cristiane soccombevano nel XVIII secolo alle idee razionaliste, la società feudale combatté la sua battaglia mortale con la borghesia rivoluzionaria di allora

When Christian ideas succumbed in the 18th century to rationalist ideas, feudal society fought its death battle with the then revolutionary Bourgeoisie

Le idee di libertà religiosa e di libertà di coscienza non facevano altro che esprimere l'influenza della libera concorrenza nel campo della conoscenza

The ideas of religious liberty and freedom of conscience merely gave expression to the sway of free competition within the domain of knowledge

"Indubbiamente", si dirà, "le idee religiose, morali, filosofiche e giuridiche sono state modificate nel corso dello sviluppo storico"

"Undoubtedly," it will be said, "religious, moral, philosophical and juridical ideas have been modified in the course of historical development"

"Ma la religione, la morale, la filosofia, la scienza politica e il diritto, sono costantemente sopravvissute a questo cambiamento"

"But religion, morality philosophy, political science, and law, constantly survived this change"

"Ci sono anche verità eterne, come la Libertà, la Giustizia, ecc"

"There are also eternal truths, such as Freedom, Justice, etc"

"Queste verità eterne sono comuni a tutti gli stati della società"

"these eternal truths are common to all states of society"

"Ma il comunismo abolisce le verità eterne, abolisce ogni religione e ogni morale"

"But Communism abolishes eternal truths, it abolishes all religion, and all morality"

"Lo fa invece di costituirli su una nuova base"

"it does this instead of constituting them on a new basis"

"agisce quindi in contraddizione con tutta l'esperienza storica passata"

"it therefore acts in contradiction to all past historical experience"

A che cosa si riduce questa accusa?

What does this accusation reduce itself to?

La storia di tutta la società passata è consistita nello sviluppo di antagonismi di classe

The history of all past society has consisted in the development of class antagonisms

antagonismi che hanno assunto forme diverse in epoche diverse

antagonisms that assumed different forms at different epochs

Ma qualunque forma possano aver preso, un fatto è comune a tutte le epoche passate

But whatever form they may have taken, one fact is common to all past ages

lo sfruttamento di una parte della società da parte dell'altra

the exploitation of one part of society by the other

Non c'è da meravigliarsi, quindi, che la coscienza sociale delle epoche passate si muova all'interno di certe forme comuni, o idee generali

No wonder, then, that the social consciousness of past ages moves within certain common forms, or general ideas

(e questo nonostante tutta la molteplicità e la varietà che mostra)

(and that is despite all the multiplicity and variety it displays)

e questi non possono svanire del tutto se non con la totale scomparsa degli antagonismi di classe

and these cannot completely vanish except with the total disappearance of class antagonisms

La rivoluzione comunista è la rottura più radicale con i rapporti di proprietà tradizionali

The Communist revolution is the most radical rupture with traditional property relations

Non c'è da stupirsi che il suo sviluppo comporti la rottura più radicale con le idee tradizionali

no wonder that its development involves the most radical rupture with traditional ideas

Ma facciamola finita con le obiezioni della borghesia al comunismo

But let us have done with the Bourgeoisie objections to Communism

Abbiamo visto sopra il primo passo della rivoluzione della classe operaia

We have seen above the first step in the revolution by the working class

Il proletariato deve essere elevato alla posizione di governo, per vincere la battaglia della democrazia

proletariat has to be raised to the position of ruling, to win the battle of democracy

Il proletariato userà la sua supremazia politica per strappare, a poco a poco, tutto il capitale alla borghesia

The proletariat will use its political supremacy to wrest, by degrees, all capital from the Bourgeoisie

accentrerà tutti gli strumenti di produzione nelle mani dello Stato

it will centralise all instruments of production in the hands of the State

In altre parole, il proletariato organizzato come classe dominante

in other words, the proletariat organised as the ruling class

e aumenterà il totale delle forze produttive il più rapidamente possibile

and it will increase the total of productive forces as rapidly as possible

Naturalmente, all'inizio, ciò non può essere realizzato se non per mezzo di incursioni dispotiche nei diritti di proprietà

Of course, in the beginning, this cannot be effected except by means of despotic inroads on the rights of property

e deve essere realizzato alle condizioni della produzione borghese

and it has to be achieved on the conditions of Bourgeoisie production

Si ottiene quindi attraverso misure che appaiono economicamente insufficienti e insostenibili

it is achieved by means of measures, therefore, which appear economically insufficient and untenable

ma questi mezzi, nel corso del movimento, superano se stessi

but these means, in the course of the movement, outstrip themselves

Esse richiedono ulteriori incursioni nel vecchio ordine sociale

they necessitate further inroads upon the old social order

e sono inevitabili come mezzo per rivoluzionare completamente il modo di produzione

and they are unavoidable as a means of entirely revolutionising the mode of production

Queste misure saranno ovviamente diverse nei vari paesi
These measures will of course be different in different countries
Ciononostante, nei paesi più avanzati, quanto segue sarà abbastanza generalmente applicabile
Nevertheless in the most advanced countries, the following will be pretty generally applicable

1. Abolizione della proprietà fondiaria e applicazione di tutte le rendite fondiarie a scopi pubblici.
1. Abolition of property in land and application of all rents of land to public purposes.
2. Una pesante imposta sul reddito progressiva o graduale.
2. A heavy progressive or graduated income tax.
3. Abolizione di ogni diritto di successione.
3. Abolition of all right of inheritance.
4. Confisca dei beni di tutti gli emigranti e ribelli.
4. Confiscation of the property of all emigrants and rebels.
5. Centralizzazione del credito nelle mani dello Stato, per mezzo di una banca nazionale con capitale statale e monopolio esclusivo.
5. Centralisation of credit in the hands of the State, by means of a national bank with State capital and an exclusive monopoly.
6. Centralizzazione dei mezzi di comunicazione e di trasporto nelle mani dello Stato.
6. Centralisation of the means of communication and transport in the hands of the State.
7. Ampliamento delle fabbriche e degli strumenti di produzione di proprietà dello Stato
7. Extension of factories and instruments of production owned by the State
l'introduzione alla coltivazione di terreni incolti e il miglioramento del suolo in generale secondo un piano comune.
the bringing into cultivation of waste-lands, and the

improvement of the soil generally in accordance with a
common plan.

8. Uguale responsabilità di tutti nei confronti del lavoro

8. Equal liability of all to labour

**Costituzione di eserciti industriali, soprattutto per
l'agricoltura.**

Establishment of industrial armies, especially for agriculture.

**9. Combinazione dell'agricoltura con le industrie
manifatturiere**

9. Combination of agriculture with manufacturing industries

**Graduale abolizione della distinzione tra città e campagna,
mediante una distribuzione più equa della popolazione sul
territorio.**

gradual abolition of the distinction between town and country,
by a more equable distribution of the population over the
country.

**10. Istruzione gratuita per tutti i bambini nelle scuole
pubbliche.**

10. Free education for all children in public schools.

**Abolizione del lavoro minorile nelle fabbriche nella sua
forma attuale**

Abolition of children's factory labour in its present form

Combinazione di istruzione e produzione industriale

Combination of education with industrial production

**Quando, nel corso dello sviluppo, le distinzioni di classe
sono scomparse**

When, in the course of development, class distinctions have
disappeared

**e quando tutta la produzione è stata concentrata nelle mani
di una vasta associazione di tutta la nazione**

and when all production has been concentrated in the hands
of a vast association of the whole nation

allora il potere pubblico perderà il suo carattere politico

then the public power will lose its political character

Il potere politico propriamente detto non è altro che il potere

organizzato di una classe per opprimerne un'altra
Political power, properly so called, is merely the organised
power of one class for oppressing another
**Se il proletariato, nella sua lotta con la borghesia, è costretto,
per forza di cose, ad organizzarsi come classe**
If the proletariat during its contest with the Bourgeoisie is
compelled, by the force of circumstances, to organise itself as a
class
se, per mezzo di una rivoluzione, si fa classe dominante
if, by means of a revolution, it makes itself the ruling class
**e, come tale, spazza via con la forza le vecchie condizioni di
produzione**
and, as such, it sweeps away by force the old conditions of
production
**Allora, insieme a queste condizioni, essa avrà spazzato via le
condizioni dell'esistenza degli antagonismi di classe e delle
classi in generale**
then it will, along with these conditions, have swept away the
conditions for the existence of class antagonisms and of classes
generally
e avrà così abolito la propria supremazia come classe.
and will thereby have abolished its own supremacy as a class.
**Al posto della vecchia società borghese, con le sue classi e i
suoi antagonismi di classe, avremo un'associazione**
In place of the old Bourgeoisie society, with its classes and
class antagonisms, we shall have an association
**un'associazione in cui il libero sviluppo di ciascuno è la
condizione per il libero sviluppo di tutti**
an association in which the free development of each is the
condition for the free development of all

Reactionary Socialism
Socialismo Reazionario

a) Il socialismo feudale
a) Feudal Socialism

le aristocrazie di Francia e Inghilterra avevano una posizione storica unica
the aristocracies of France and England had a unique historical position

divenne la loro vocazione scrivere opuscoli contro la moderna società borghese
it became their vocation to write pamphlets against modern Bourgeoisie society

Nella rivoluzione francese del luglio 1830 e nell'agitazione riformatrice inglese
In the French revolution of July 1830, and in the English reform agitation

Queste aristocrazie soccombevano di nuovo all'odioso nuovo arrivato
these aristocracies again succumbed to the hateful upstart

Da quel momento in poi, una seria contesa politica era del tutto fuori questione
Thenceforth, a serious political contest was altogether out of the question

Tutto ciò che rimaneva possibile era una battaglia letteraria, non una battaglia vera e propria
All that remained possible was literary battle, not an actual battle

Ma anche nel campo della letteratura le vecchie grida del periodo della restaurazione erano diventate impossibili
But even in the domain of literature the old cries of the restoration period had become impossible

Per suscitare simpatia, l'aristocrazia era costretta a perdere di vista, a quanto pare, i propri interessi
In order to arouse sympathy, the aristocracy were obliged to

lose sight, apparently, of their own interests

ed erano obbligati a formulare la loro accusa contro la borghesia nell'interesse della classe operaia sfruttata

and they were obliged to formulate their indictment against the Bourgeoisie in the interest of the exploited working class

Così l'aristocrazia si prese la sua rivincita cantando beffe al loro nuovo padrone

Thus the aristocracy took their revenge by singing lampoons on their new master

e si vendicarono sussurrandogli all'orecchio sinistre profezie di catastrofe imminente

and they took their revenge by whispering in his ears sinister prophecies of coming catastrophe

Nacque così il socialismo feudale: metà lamento, metà beffa

In this way arose Feudal Socialism: half lamentation, half lampoon

Risuonava per metà come un'eco del passato e per metà una minaccia per metà del futuro

it rung as half echo of the past, and projected half menace of the future

a volte, con la sua critica amara, arguta e incisiva, colpiva la borghesia nel profondo del cuore

at times, by its bitter, witty and incisive criticism, it struck the Bourgeoisie to the very heart's core

Ma è sempre stato ridicolo nel suo effetto, a causa della totale incapacità di comprendere il corso della storia moderna

but it was always ludicrous in its effect, through total incapacity to comprehend the march of modern history

L'aristocrazia, per radunare il popolo, sventolava davanti la borsa dell'elemosina del proletariato per uno stendardo

The aristocracy, in order to rally the people to them, waved the proletarian alms-bag in front for a banner

Ma il popolo, tutte le volte che si univa a loro, vedeva sui loro quarti posteriori i vecchi stemmi feudali

But the people, so often as it joined them, saw on their

hindquarters the old feudal coats of arms
e disertarono con risate fragorose e irriverenti
and they deserted with loud and irreverent laughter
Una parte dei legittimisti francesi e della "Giovane Inghilterra" ha esposto questo spettacolo
One section of the French Legitimists and "Young England" exhibited this spectacle
i feudatari facevano notare che il loro modo di sfruttamento era diverso da quello della borghesia
the feudalists pointed out that their mode of exploitation was different to that of the Bourgeoisie
I feudatari dimenticano di aver sfruttato in circostanze e condizioni del tutto diverse
the feudalists forget that they exploited under circumstances and conditions that were quite different
E non si sono accorti che tali metodi di sfruttamento sono ormai antiquati
and they didn't notice such methods of exploitation are now antiquated
Hanno dimostrato che, sotto il loro dominio, il proletariato moderno non è mai esistito
they showed that, under their rule, the modern proletariat never existed
ma dimenticano che la borghesia moderna è la progenie necessaria della loro forma di società
but they forget that the modern Bourgeoisie is the necessary offspring of their own form of society
Per il resto, non nascondono affatto il carattere reazionario della loro critica
For the rest, they hardly conceal the reactionary character of their criticism
la loro principale accusa contro la borghesia è la seguente
their chief accusation against the Bourgeoisie amounts to the following
sotto il regime borghese si sta sviluppando una classe sociale

under the Bourgeoisie regime a social class is being developed

Questa classe sociale è destinata a sradicare e ramificare il vecchio ordine della società

this social class is destined to cut up root and branch the old order of society

Ciò di cui rimproverano la borghesia non è tanto che essa crei un proletariato

What they upbraid the Bourgeoisie with is not so much that it creates a proletariat

ciò di cui rimproverano la borghesia è più che altro che essa crea un proletariato rivoluzionario

what they upbraid the Bourgeoisie with is moreso that it creates a revolutionary proletariat

Nella pratica politica, quindi, essi si uniscono a tutte le misure coercitive contro la classe operaia

In political practice, therefore, they join in all coercive measures against the working class

E nella vita ordinaria, nonostante le loro frasi altisonanti, si chinano a raccogliere le mele d'oro cadute dall'albero dell'industria

and in ordinary life, despite their highfalutin phrases, they stoop to pick up the golden apples dropped from the tree of industry

e barattano la verità, l'amore e l'onore con il commercio della lana, dello zucchero di barbabietola e dell'acquavite di patate

and they barter truth, love, and honour for commerce in wool, beetroot-sugar, and potato spirits

Come il parroco è sempre andato a braccetto con il proprietario terriero, così il socialismo clericale è andato a braccetto con il socialismo feudale

As the parson has ever gone hand in hand with the landlord, so has Clerical Socialism with Feudal Socialism

Non c'è niente di più facile che dare all'ascetismo cristiano una sfumatura socialista

Nothing is easier than to give Christian asceticism a Socialist tinge

Il cristianesimo non ha forse declamato contro la proprietà privata, contro il matrimonio, contro lo Stato?

Has not Christianity declaimed against private property, against marriage, against the State?

Il cristianesimo non ha forse predicato al posto di queste, la carità e la povertà?

Has Christianity not preached in the place of these, charity and poverty?

Il cristianesimo non predica forse il celibato e la mortificazione della carne, la vita monastica e la Madre Chiesa?

Does Christianity not preach celibacy and mortification of the flesh, monastic life and Mother Church?

Il socialismo cristiano non è che l'acqua santa con cui il sacerdote consacra i bruciori di cuore dell'aristocratico

Christian Socialism is but the holy water with which the priest consecrates the heart-burnings of the aristocrat

b) Il socialismo piccolo-borghese
b) Petty-Bourgeois Socialism

L'aristocrazia feudale non fu l'unica classe che fu rovinata dalla borghesia

The feudal aristocracy was not the only class that was ruined by the Bourgeoisie

non era l'unica classe le cui condizioni di esistenza si struggevano e perivano nell'atmosfera della moderna società borghese

it was not the only class whose conditions of existence pined and perished in the atmosphere of modern Bourgeoisie society

I borghesi medievali e i piccoli proprietari contadini furono i precursori della borghesia moderna

The medieval burgesses and the small peasant proprietors were the precursors of the modern Bourgeoisie

Nei paesi poco sviluppati, industrialmente e commercialmente, queste due classi vegetano ancora l'una accanto all'altra

In those countries which are but little developed, industrially and commercially, these two classes still vegetate side by side

e nel frattempo la borghesia si solleva accanto a loro: industrialmente, commercialmente e politicamente

and in the meantime the Bourgeoisie rise up next to them: industrially, commercially, and politically

Nei paesi in cui la civiltà moderna si è pienamente sviluppata, si è formata una nuova classe di piccola borghesia

In countries where modern civilisation has become fully developed, a new class of petty Bourgeoisie has been formed

questa nuova classe sociale oscilla tra proletariato e borghesia

this new social class fluctuates between proletariat and Bourgeoisie

e si rinnova sempre come parte supplementare della società borghese

and it is ever renewing itself as a supplementary part of
Bourgeoisie society

**I singoli membri di questa classe, tuttavia, vengono
costantemente scagliati verso il proletariato**

The individual members of this class, however, are being
constantly hurled down into the proletariat

**Esse sono risucchiate dal proletariato attraverso l'azione
della concorrenza**

they are sucked up by the proletariat through the action of
competition

**Man mano che l'industria moderna si sviluppa, essi vedono
avvicinarsi anche il momento in cui scompariranno
completamente come sezione indipendente della società
moderna**

as modern industry develops they even see the moment
approaching when they will completely disappear as an
independent section of modern society

**Saranno sostituiti, nelle manifatture, nell'agricoltura e nel
commercio, da sorveglianti, balivi e bottegai**

they will be replaced, in manufactures, agriculture and
commerce, by overlookers, bailiffs and shopmen

**In paesi come la Francia, dove i contadini costituiscono
molto più della metà della popolazione**

In countries like France, where the peasants constitute far
more than half of the population

**era naturale che ci fossero scrittori che si schieravano con il
proletariato contro la borghesia**

it was natural that there there are writers who sided with the
proletariat against the Bourgeoisie

**nella loro critica del regime borghese usavano lo stendardo
della piccola borghesia contadina**

in their criticism of the Bourgeoisie regime they used the
standard of the peasant and petty Bourgeoisie

**E dal punto di vista di queste classi intermedie prendono il
bastone per la classe operaia**

and from the standpoint of these intermediate classes they

take up the cudgels for the working class

Sorse così il socialismo piccolo-borghese, di cui Sismondi era il capo di questa scuola, non solo in Francia ma anche in Inghilterra

Thus arose petty-Bourgeoisie Socialism, of which Sismondi was the head of this school, not only in France but also in England

Questa scuola del socialismo ha sezionato con grande acutezza le contraddizioni delle condizioni della produzione moderna

This school of Socialism dissected with great acuteness the contradictions in the conditions of modern production

Questa scuola ha messo a nudo le ipocrite scuse degli economisti

This school laid bare the hypocritical apologies of economists

Questa scuola dimostrò, in modo incontrovertibile, gli effetti disastrosi delle macchine e della divisione del lavoro

This school proved, incontrovertibly, the disastrous effects of machinery and division of labour

Ha dimostrato la concentrazione del capitale e della terra in poche mani

it proved the concentration of capital and land in a few hands

ha dimostrato come la sovrapproduzione porti alle crisi della borghesia

it proved how overproduction leads to Bourgeoisie crises

indicava l'inevitabile rovina della piccola borghesia e del contadino

it pointed out the inevitable ruin of the petty Bourgeoisie and peasant

la miseria del proletariato, l'anarchia nella produzione, le disuguaglianze nella distribuzione della ricchezza

the misery of the proletariat, the anarchy in production, the crying inequalities in the distribution of wealth

Ha mostrato come il sistema di produzione conduca la guerra industriale di sterminio tra le nazioni

it showed how the system of production leads the industrial

war of extermination between nations

la dissoluzione dei vecchi legami morali, dei vecchi rapporti familiari, delle vecchie nazionalità

the dissolution of old moral bonds, of the old family relations, of the old nationalities

Nei suoi obiettivi positivi, tuttavia, questa forma di socialismo aspira a raggiungere una delle due cose

In its positive aims, however, this form of Socialism aspires to achieve one of two things

o mira a ripristinare i vecchi mezzi di produzione e di scambio

either it aims to restore the old means of production and of exchange

e con i vecchi mezzi di produzione avrebbe restaurato i vecchi rapporti di proprietà e la vecchia società

and with the old means of production it would restore the old property relations, and the old society

o mira a restringere i moderni mezzi di produzione e di scambio nel vecchio quadro dei rapporti di proprietà

or it aims to cramp the modern means of production and exchange into the old framework of the property relations

In entrambi i casi, è sia reazionario che utopico

In either case, it is both reactionary and Utopian

Le sue ultime parole sono: corporazioni per la manifattura, relazioni patriarcali in agricoltura

Its last words are: corporate guilds for manufacture, patriarchal relations in agriculture

Alla fine, quando i fatti storici ostinati avevano disperso tutti gli effetti inebrianti dell'autoinganno

Ultimately, when stubborn historical facts had dispersed all intoxicating effects of self-deception

questa forma di socialismo finì in un miserabile impeto di pietà

this form of Socialism ended in a miserable fit of pity

c) Socialismo tedesco, o "vero",
c) German, or "True," Socialism

La letteratura socialista e comunista francese ha avuto origine sotto la pressione di una borghesia al potere
The Socialist and Communist literature of France originated under the pressure of a Bourgeoisie in power
E questa letteratura era l'espressione della lotta contro questo potere
and this literature was the expression of the struggle against this power
fu introdotto in Germania in un momento in cui la borghesia aveva appena iniziato la sua lotta contro l'assolutismo feudale
it was introduced into Germany at a time when the Bourgeoisie had just begun its contest with feudal absolutism
I filosofi tedeschi, gli aspiranti filosofi e i bei prits si impadronirono avidamente di questa letteratura
German philosophers, would-be philosophers, and beaux esprits, eagerly seized on this literature
ma dimenticarono che gli scritti emigrarono dalla Francia in Germania senza portare con sé le condizioni sociali francesi
but they forgot that the writings immigrated from France into Germany without bringing the French social conditions along
A contatto con le condizioni sociali tedesche, questa letteratura francese perse tutto il suo significato pratico immediato
In contact with German social conditions, this French literature lost all its immediate practical significance
e la letteratura comunista francese assunse un aspetto puramente letterario nei circoli accademici tedeschi
and the Communist literature of France assumed a purely literary aspect in German academic circles
Così, le rivendicazioni della prima Rivoluzione francese non erano altro che le rivendicazioni della "ragion pratica"
Thus, the demands of the first French Revolution were

nothing more than the demands of "Practical Reason"

e l'espressione della volontà della borghesia rivoluzionaria francese significava ai loro occhi la legge della pura volontà

and the utterance of the will of the revolutionary French Bourgeoisie signified in their eyes the law of pure Will

significava la Volontà come doveva essere; della vera Volontà umana in generale

it signified Will as it was bound to be; of true human Will generally

Il mondo dei letterati tedeschi consisteva unicamente nel mettere in armonia le nuove idee francesi con la loro antica coscienza filosofica

The world of the German literati consisted solely in bringing the new French ideas into harmony with their ancient philosophical conscience

o meglio, hanno annesso le idee francesi senza abbandonare il proprio punto di vista filosofico

or rather, they annexed the French ideas without deserting their own philosophic point of view

L'annessione è avvenuta nello stesso modo in cui ci si appropria di una lingua straniera, vale a dire per traduzione

This annexation took place in the same way in which a foreign language is appropriated, namely, by translation

E' ben noto come i monaci scrivessero stupide vite di santi cattolici sui manoscritti

It is well known how the monks wrote silly lives of Catholic Saints over manuscripts

i manoscritti su cui erano state scritte le opere classiche dell'antico paganesimo

the manuscripts on which the classical works of ancient heathendom had been written

I letterati tedeschi invertirono questo processo con la letteratura profana francese

The German literati reversed this process with the profane French literature

Hanno scritto le loro sciocchezze filosofiche sotto l'originale

francese

They wrote their philosophical nonsense beneath the French original

Per esempio, sotto la critica francese alle funzioni economiche del denaro, hanno scritto "Alienazione dell'umanità"

For instance, beneath the French criticism of the economic functions of money, they wrote "Alienation of Humanity"

sotto la critica francese allo Stato borghese si scriveva "detronizzazione della categoria del generale"

beneath the French criticism of the Bourgeoisie State they wrote "dethronement of the Category of the General"

L'introduzione di queste frasi filosofiche alla base delle critiche storiche francesi che hanno soprannominato:

The introduction of these philosophical phrases at the back of the French historical criticisms they dubbed:

"Filosofia dell'azione", "Vero socialismo", "Scienza tedesca del socialismo", "Fondamento filosofico del socialismo" e così via

"Philosophy of Action," "True Socialism," "German Science of Socialism," "Philosophical Foundation of Socialism," and so on

La letteratura socialista e comunista francese fu così completamente evirata

The French Socialist and Communist literature was thus completely emasculated

nelle mani dei filosofi tedeschi cessò di esprimere la lotta di una classe contro l'altra

in the hands of the German philosophers it ceased to express the struggle of one class with the other

e così i filosofi tedeschi si sentivano coscienti di aver superato "l'unilateralità francese"

and so the German philosophers felt conscious of having overcome "French one-sidedness"

Non doveva rappresentare le vere esigenze, piuttosto, rappresentava le esigenze della verità

it did not have to represent true requirements, rather, it

represented requirements of truth

non c'era interesse per il proletariato, ma c'era interesse per la natura umana

there was no interest in the proletariat, rather, there was interest in Human Nature

l'interesse era per l'uomo in generale, che non appartiene a nessuna classe e non ha realtà

the interest was in Man in general, who belongs to no class, and has no reality

un uomo che esiste solo nel regno nebbioso della fantasia filosofica

a man who exists only in the misty realm of philosophical fantasy

ma alla fine anche questo socialismo tedesco da scolaro perse la sua pedante innocenza

but eventually this schoolboy German Socialism also lost its pedantic innocence

la borghesia tedesca, e specialmente la borghesia prussiana, combattevano contro l'aristocrazia feudale

the German Bourgeoisie, and especially the Prussian Bourgeoisie fought against feudal aristocracy

anche la monarchia assoluta di Germania e di Prussia veniva presa in giro

the absolute monarchy of Germany and Prussia was also being faught against

E a sua volta, anche la letteratura del movimento liberale divenne più seria

and in turn, the literature of the liberal movement also became more earnest

La Germania ha avuto l'opportunità a lungo desiderata per il "vero" socialismo

Germany's long wished-for opportunity for "true" Socialism was offered

l'opportunità di confrontare il movimento politico con le rivendicazioni socialiste

the opportunity of confronting the political movement with

the Socialist demands

L'opportunità di scagliare i tradizionali anatemi contro il liberalismo

the opportunity of hurling the traditional anathemas against liberalism

l'opportunità di attaccare il governo rappresentativo e la concorrenza borghese

the opportunity to attack representative government and Bourgeoisie competition

Libertà di stampa della borghesia, Legislazione della borghesia, Libertà e uguaglianza della borghesia

Bourgeoisie freedom of the press, Bourgeoisie legislation, Bourgeoisie liberty and equality

Tutto questo potrebbe ora essere criticato nel mondo reale, piuttosto che nella fantasia

all of these could now be critiqued in the real world, rather than in fantasy

L'aristocrazia feudale e la monarchia assoluta avevano a lungo predicato alle masse

feudal aristocracy and absolute monarchy had long preached to the masses

"L'operaio non ha nulla da perdere e ha tutto da guadagnare"

"the working man has nothing to lose, and he has everything to gain"

anche il movimento borghese offriva la possibilità di confrontarsi con questi luoghi comuni

the Bourgeoisie movement also offered a chance to confront these platitudes

la critica francese presupponeva l'esistenza di una moderna società borghese

the French criticism presupposed the existence of modern Bourgeoisie society

Condizioni economiche di esistenza della borghesia e costituzione politica della borghesia

Bourgeoisie economic conditions of existence and Bourgeoisie political constitution

le stesse cose il cui raggiungimento era l'oggetto della lotta in corso in Germania

the very things whose attainment was the object of the pending struggle in Germany

La sciocca eco del socialismo in Germania ha abbandonato questi obiettivi appena in tempo

Germany's silly echo of socialism abandoned these goals just in the nick of time

I governi assoluti avevano il loro seguito di parroci, professori, signorotti e funzionari

the absolute governments had their following of parsons, professors, country squires and officials

il governo dell'epoca rispose alle insurrezioni della classe operaia tedesca con fustigazioni e pallottole

the government of the time met the German working-class risings with floggings and bullets

per loro questo socialismo serviva da gradito spaventapasseri contro la borghesia minacciosa

for them this socialism served as a welcome scarecrow against the threatening Bourgeoisie

e il governo tedesco è stato in grado di offrire un dolce dessert dopo le pillole amare che ha distribuito

and the German government was able to offer a sweet dessert after the bitter pills it handed out

questo "vero" socialismo servì così ai governi come arma per combattere la borghesia tedesca

this "True" Socialism thus served the governments as a weapon for fighting the German Bourgeoisie

e, allo stesso tempo, rappresentava direttamente un interesse reazionario; quella dei Filistei tedeschi

and, at the same time, it directly represented a reactionary interest; that of the German Philistines

In Germania la classe della piccola borghesia è la vera base sociale dello stato di cose esistente

In Germany the petty Bourgeoisie class is the real social basis of the existing state of things

Una reliquia del XVI secolo che è costantemente emersa sotto varie forme

a relique of the sixteenth century that has constantly been cropping up under various forms

Preservare questa classe significa preservare lo stato di cose esistente in Germania

To preserve this class is to preserve the existing state of things in Germany

La supremazia industriale e politica della borghesia minaccia la piccola borghesia di sicura distruzione

The industrial and political supremacy of the Bourgeoisie threatens the petty Bourgeoisie with certain destruction

da un lato, minaccia di distruggere la piccola borghesia attraverso la concentrazione del capitale

on the one hand, it threatens to destroy the petty Bourgeoisie through the concentration of capital

dall'altra parte, la borghesia minaccia di distruggerla con l'ascesa di un proletariato rivoluzionario

on the other hand, the Bourgeoisie threatens to destroy it through the rise of a revolutionary proletariat

Il "vero" socialismo sembrava prendere questi due piccioni con una fava. Si diffuse come un'epidemia

"True" Socialism appeared to kill these two birds with one stone. It spread like an epidemic

La veste di ragnatele speculative, ricamata di fiori di retorica, intrisa della rugiada di un sentimento malaticcio

The robe of speculative cobwebs, embroidered with flowers of rhetoric, steeped in the dew of sickly sentiment

questa veste trascendentale in cui i socialisti tedeschi avvolsero le loro tristi "verità eterne"

this transcendental robe in which the German Socialists wrapped their sorry "eternal truths"

tutto pelle e ossa, servirono ad aumentare meravigliosamente la vendita dei loro prodotti tra un pubblico così

all skin and bone, served to wonderfully increase the sale of their goods amongst such a public

E da parte sua, il socialismo tedesco riconosceva, sempre di più, la propria vocazione

And on its part, German Socialism recognised, more and more, its own calling

era chiamato ad essere il roboante rappresentante della piccola borghesia filistea

it was called to be the bombastic representative of the petty-Bourgeoisie Philistine

Proclamò che la nazione tedesca era la nazione modello, e il piccolo filisteo tedesco l'uomo modello

It proclaimed the German nation to be the model nation, and German petty Philistine the model man

A ogni malvagia meschinità di quest'uomo modello dava un'interpretazione nascosta, più alta, socialista

To every villainous meanness of this model man it gave a hidden, higher, Socialistic interpretation

questa interpretazione superiore e socialista era l'esatto contrario del suo vero carattere

this higher, Socialistic interpretation was the exact contrary of its real character

Arrivò al punto di opporsi direttamente alla tendenza "brutalmente distruttiva" del comunismo

It went to the extreme length of directly opposing the "brutally destructive" tendency of Communism

e proclamava il suo supremo e imparziale disprezzo di tutte le lotte di classe

and it proclaimed its supreme and impartial contempt of all class struggles

Con pochissime eccezioni, tutte le cosiddette pubblicazioni socialiste e comuniste che circolano ora (1847) in Germania appartengono al dominio di questa letteratura sporca e snervante

With very few exceptions, all the so-called Socialist and Communist publications that now (1847) circulate in Germany belong to the domain of this foul and enervating literature

Socialismo conservatore, o socialismo borghese
Conservative Socialism, or Bourgeoisie Socialism

Una parte della borghesia è desiderosa di rimediare alle rimostranze sociali
A part of the Bourgeoisie is desirous of redressing social grievances
al fine di assicurare la continuazione dell'esistenza della società borghese
in order to secure the continued existence of Bourgeoisie society
A questa sezione appartengono economisti, filantropi, umanitari
To this section belong economists, philanthropists, humanitarians
miglioratori della condizione della classe operaia e organizzatori di carità
improvers of the condition of the working class and organisers of charity
Membri di associazioni per la prevenzione della crudeltà verso gli animali
members of societies for the prevention of cruelty to animals
Fanatici della temperanza, riformatori di ogni tipo immaginabile
temperance fanatics, hole-and-corner reformers of every imaginable kind
Questa forma di socialismo, inoltre, è stata elaborata in sistemi completi
This form of Socialism has, moreover, been worked out into complete systems
Possiamo citare la "Philosophie de la Misère" di Proudhon come esempio di questa forma
We may cite Proudhon's "Philosophie de la Misère" as an example of this form
La borghesia socialista vuole tutti i vantaggi delle condizioni sociali moderne

The Socialistic Bourgeoisie want all the advantages of modern social conditions

ma la borghesia socialista non vuole necessariamente le lotte e i pericoli che ne derivano

but the Socialistic Bourgeoisie don't necessarily want the resulting struggles and dangers

Desiderano lo stato attuale della società, senza i suoi elementi rivoluzionari e disgregatori

They desire the existing state of society, minus its revolutionary and disintegrating elements

in altre parole, vogliono una borghesia senza proletariato

in other words, they wish for a Bourgeoisie without a proletariat

La borghesia concepisce naturalmente il mondo in cui è supremo essere il migliore

The Bourgeoisie naturally conceives the world in which it is supreme to be the best

e il socialismo borghese sviluppa questa concezione comoda in vari sistemi più o meno completi

and Bourgeoisie Socialism develops this comfortable conception into various more or less complete systems

vorrebbero che il proletariato marciasse subito nella Nuova Gerusalemme sociale

they would very much like the proletariat to march straightway into the social New Jerusalem

Ma in realtà richiede che il proletariato rimanga entro i limiti della società esistente

but in reality it requires the proletariat to remain within the bounds of existing society

chiedono al proletariato di gettare via tutte le loro odiose idee sulla borghesia

they ask the proletariat to cast away all their hateful ideas concerning the Bourgeoisie

c'è una seconda forma più pratica, ma meno sistematica, di questo socialismo

there is a second more practical, but less systematic, form of this Socialism

Questa forma di socialismo cercava di svalutare ogni movimento rivoluzionario agli occhi della classe operaia

this form of socialism sought to depreciate every revolutionary movement in the eyes of the working class

Sostengono che nessuna semplice riforma politica potrebbe essere di alcun vantaggio per loro

they argue no mere political reform could be of any advantage to them

solo un cambiamento delle condizioni materiali di esistenza nei rapporti economici è di beneficio

only a change in the material conditions of existence in economic relations are of benefit

Come il comunismo, questa forma di socialismo auspica un cambiamento delle condizioni materiali di esistenza

like communism, this form of socialism advocates for a change in the material conditions of existence

tuttavia, questa forma di socialismo non suggerisce affatto l'abolizione dei rapporti di produzione borghesi

however, this form of socialism by no means suggests the abolition of the Bourgeoisie relations of production

l'abolizione dei rapporti di produzione borghesi può essere raggiunta solo attraverso una rivoluzione

the abolition of the Bourgeoisie relations of production can only be achieved through a revolution

Ma invece di una rivoluzione, questa forma di socialismo suggerisce riforme amministrative

but instead of a revolution, this form of socialism suggests administrative reforms

e queste riforme amministrative si baserebbero sulla continuazione di queste relazioni

and these administrative reforms would be based on the continued existence of these relations

riforme, quindi, che non incidono in alcun modo sui rapporti tra capitale e lavoro

reforms, therefore, that in no respect affect the relations

between capital and labour

nella migliore delle ipotesi, tali riforme diminuiscono i costi e semplificano il lavoro amministrativo del governo borghese

at best, such reforms lessen the cost and simplify the administrative work of Bourgeoisie government

Il socialismo borghese raggiunge un'espressione adeguata quando, e solo quando, diventa una semplice figura retorica

Bourgeois Socialism attains adequate expression, when, and only when, it becomes a mere figure of speech

Libero scambio: a beneficio della classe operaia

Free trade: for the benefit of the working class

Doveri di protezione: a beneficio della classe operaia

Protective duties: for the benefit of the working class

Riforma carceraria: a beneficio della classe operaia

Prison Reform: for the benefit of the working class

Questa è l'ultima parola e l'unica parola seriamente intesa del socialismo borghese

This is the last word and the only seriously meant word of Bourgeoisie Socialism

Si riassume nella frase: la borghesia è una borghesia a beneficio della classe operaia

It is summed up in the phrase: the Bourgeoisie is a Bourgeoisie for the benefit of the working class

Socialismo critico-utopico e comunismo
Critical-Utopian Socialism and Communism

Non ci riferiamo qui a quella letteratura che ha sempre dato voce alle rivendicazioni del proletariato

We do not here refer to that literature which has always given voice to the demands of the proletariat

questo è stato presente in ogni grande rivoluzione moderna, come gli scritti di Babeuf e altri

this has been present in every great modern revolution, such as the writings of Babeuf and others

I primi tentativi diretti del proletariato di raggiungere i propri fini fallirono necessariamente

The first direct attempts of the proletariat to attain its own ends necessarily failed

Questi tentativi furono fatti in tempi di eccitazione universale, quando la società feudale veniva rovesciata

these attempts were made in times of universal excitement, when feudal society was being overthrown

Lo stato allora sottosviluppato del proletariato fece fallire quei tentativi

the then undeveloped state of the proletariat led to those attempts failing

e fallirono per l'assenza delle condizioni economiche per la sua emancipazione

and they failed due to the absence of the economic conditions for its emancipation

condizioni che dovevano ancora essere prodotte, e che potevano essere prodotte solo dall'imminente epoca della borghesia

conditions that had yet to be produced, and could be produced by the impending Bourgeoisie epoch alone

La letteratura rivoluzionaria che accompagnò questi primi movimenti del proletariato ebbe necessariamente un carattere reazionario

The revolutionary literature that accompanied these first

movements of the proletariat had necessarily a reactionary character

Questa letteratura inculcava l'ascetismo universale e il livellamento sociale nella sua forma più cruda

This literature inculcated universal asceticism and social levelling in its crudest form

I sistemi socialista e comunista, propriamente detti, sorgono all'esistenza nel primo periodo non sviluppato

The Socialist and Communist systems, properly so called, spring into existence in the early undeveloped period

Saint-Simon, Fourier, Owen e altri, hanno descritto la lotta tra proletariato e borghesia (vedi Sezione 1)

Saint-Simon, Fourier, Owen and others, described the struggle between proletariat and Bourgeoisie (see Section 1)

I fondatori di questi sistemi vedono, infatti, gli antagonismi di classe

The founders of these systems see, indeed, the class antagonisms

Vedono anche l'azione degli elementi in decomposizione, nella forma prevalente della società

they also see the action of the decomposing elements, in the prevailing form of society

Ma il proletariato, ancora agli albori, offre loro lo spettacolo di una classe senza alcuna iniziativa storica

But the proletariat, as yet in its infancy, offers to them the spectacle of a class without any historical initiative

Vedono lo spettacolo di una classe sociale senza alcun movimento politico indipendente

they see the spectacle of a social class without any independent political movement

Lo sviluppo dell'antagonismo di classe va di pari passo con lo sviluppo dell'industria

the development of class antagonism keeps even pace with the development of industry

Perciò la situazione economica non offre ancora loro le condizioni materiali per l'emancipazione del proletariato

so the economic situation does not as yet offer to them the
material conditions for the emancipation of the proletariat
**Cercano quindi una nuova scienza sociale, nuove leggi
sociali, che creino queste condizioni**
They therefore search after a new social science, after new
social laws, that are to create these conditions
l'azione storica è cedere alla loro personale azione inventiva
historical action is to yield to their personal inventive action
**Le condizioni di emancipazione create storicamente devono
cedere a condizioni fantastiche**
historically created conditions of emancipation are to yield to
fantastic conditions
**e l'organizzazione di classe graduale e spontanea del
proletariato deve cedere il passo all'organizzazione della
società**
and the gradual, spontaneous class-organisation of the
proletariat is to yield to the organisation of society
**l'organizzazione della società appositamente escogitata da
questi inventori**
the organisation of society specially contrived by these
inventors
**La storia futura si risolve, ai loro occhi, nella propaganda e
nell'attuazione pratica dei loro piani sociali**
Future history resolves itself, in their eyes, into the
propaganda and the practical carrying out of their social plans
**Nella formazione dei loro piani essi sono coscienti di
preoccuparsi principalmente degli interessi della classe
operaia**
In the formation of their plans they are conscious of caring
chiefly for the interests of the working class
**Solo dal punto di vista della classe più sofferente il
proletariato esiste per loro**
Only from the point of view of being the most suffering class
does the proletariat exist for them
**Lo stato di sottosviluppo della lotta di classe e il loro
ambiente informano le loro opinioni**

The undeveloped state of the class struggle and their own surroundings inform their opinions

I socialisti di questo tipo si considerano di gran lunga superiori a tutti gli antagonismi di classe

Socialists of this kind consider themselves far superior to all class antagonisms

Vogliono migliorare la condizione di ogni membro della società, anche quella dei più favoriti

They want to improve the condition of every member of society, even that of the most favoured

Quindi, si rivolgono abitualmente alla società in generale, senza distinzione di classe

Hence, they habitually appeal to society at large, without distinction of class

anzi, si rivolgono alla società in generale preferendo la classe dominante

nay, they appeal to society at large by preference to the ruling class

Per loro, tutto ciò che serve è che gli altri capiscano il loro sistema

to them, all it requires is for others to understand their system

Perché come si può non vedere che il miglior piano possibile è per il miglior stato possibile della società?

because how can people fail to see that the best possible plan is for the best possible state of society?

Perciò essi rifiutano ogni azione politica, e specialmente ogni azione rivoluzionaria

Hence, they reject all political, and especially all revolutionary, action

desiderano raggiungere i loro fini con mezzi pacifici

they wish to attain their ends by peaceful means

tentano, con piccoli esperimenti, che sono necessariamente destinati al fallimento

they endeavour, by small experiments, which are necessarily doomed to failure

e con la forza dell'esempio cercano di aprire la strada al

nuovo Vangelo sociale

and by the force of example they try to pave the way for the new social Gospel

Immagini fantastiche della società futura, dipinte in un'epoca in cui il proletariato è ancora in uno stato molto sottosviluppato

Such fantastic pictures of future society, painted at a time when the proletariat is still in a very undeveloped state

e non ha che una concezione fantastica della propria posizione

and it still has but a fantastical conception of its own position

ma le loro prime aspirazioni istintive corrispondono alle aspirazioni del proletariato

but their first instinctive yearnings correspond with the yearnings of the proletariat

Entrambi anelano ad una ricostruzione generale della società

both yearn for a general reconstruction of society

Ma queste pubblicazioni socialiste e comuniste contengono anche un elemento critico

But these Socialist and Communist publications also contain a critical element

Attaccano ogni principio della società esistente

They attack every principle of existing society

Perciò sono pieni dei materiali più preziosi per l'illuminazione della classe operaia

Hence they are full of the most valuable materials for the enlightenment of the working class

Propongono l'abolizione della distinzione tra città e campagna, e la famiglia

they propose abolition of the distinction between town and country, and the family

l'abolizione dell'esercizio di industrie per conto di privati

the abolition of the carrying on of industries for the account of private individuals

e l'abolizione del sistema salariale e la proclamazione dell'armonia sociale

and the abolition of the wage system and the proclamation of social harmony

la trasformazione delle funzioni dello Stato in una mera sovrintendenza alla produzione

the conversion of the functions of the State into a mere superintendence of production

Tutte queste proposte puntano unicamente alla scomparsa degli antagonismi di classe

all these proposals, point solely to the disappearance of class antagonisms

Gli antagonismi di classe, a quel tempo, stavano appena emergendo

class antagonisms were, at that time, only just cropping up

In queste pubblicazioni questi antagonismi di classe sono riconosciuti solo nelle loro forme più antiche, indistinte e indefinite

in these publications these class antagonisms are recognised in their earliest, indistinct and undefined forms only

Queste proposte, quindi, hanno un carattere puramente utopico

These proposals, therefore, are of a purely Utopian character

L'importanza del socialismo critico-utopico e del comunismo ha una relazione inversa con lo sviluppo storico

The significance of Critical-Utopian Socialism and Communism bears an inverse relation to historical development

La lotta di classe moderna si svilupperà e continuerà ad assumere una forma definita

the modern class struggle will develop and continue to take definite shape

Questa fantastica posizione del concorso perderà ogni valore pratico

this fantastic standing from the contest will lose all practical value

Questi fantastici attacchi agli antagonismi di classe perderanno ogni giustificazione teorica

these fantastic attacks on class antagonisms will lose all theoretical justification

I creatori di questi sistemi furono, per molti aspetti, rivoluzionari

the originators of these systems were, in many respects, revolutionary

ma i loro discepoli hanno, in ogni caso, formato semplici sette reazionarie

but their disciples have, in every case, formed mere reactionary sects

Si aggrappano saldamente alle vedute originali dei loro padroni

They hold tightly to the original views of their masters

Ma queste concezioni sono in contrasto con il progressivo sviluppo storico del proletariato

but these views are in opposition to the progressive historical development of the proletariat

Essi, quindi, si sforzano, e con coerenza, di smorzare la lotta di classe

They, therefore, endeavour, and that consistently, to deaden the class struggle

e si sforzano costantemente di conciliare gli antagonismi di classe

and they consistently endeavour to reconcile the class antagonisms

Sognano ancora la realizzazione sperimentale delle loro utopie sociali

They still dream of experimental realisation of their social Utopias

sognano ancora di fondare "falansteri" isolati e di fondare "colonie domestiche"

they still dream of founding isolated "phalansteres" and establishing "Home Colonies"

sognano di creare una "Piccola Icaria" – edizioni duodecimo della Nuova Gerusalemme

they dream of setting up a "Little Icaria"—duodecimo editions

of the New Jerusalem
e sognano di realizzare tutti questi castelli in aria
and they dream to realise all these castles in the air
sono costretti a fare appello ai sentimenti e alle tasche della borghesia
they are compelled to appeal to the feelings and purses of the bourgeois
A poco a poco sprofondano nella categoria dei socialisti conservatori reazionari sopra descritti
By degrees they sink into the category of the reactionary conservative Socialists depicted above
differiscono da questi solo per una pedanteria più sistematica
they differ from these only by more systematic pedantry
e differiscono per la loro fede fanatica e superstiziosa negli effetti miracolosi della loro scienza sociale
and they differ by their fanatical and superstitious belief in the miraculous effects of their social science
Essi, quindi, si oppongono violentemente ad ogni azione politica da parte della classe operaia
They, therefore, violently oppose all political action on the part of the working class
tale azione, secondo loro, può derivare solo da una cieca incredulità nel nuovo Vangelo
such action, according to them, can only result from blind unbelief in the new Gospel
Gli oweniti in Inghilterra e i fourieristi in Francia, rispettivamente, si oppongono ai cartisti e ai "réformisti"
The Owenites in England, and the Fourierists in France, respectively, oppose the Chartists and the "Réformistes"

Posizione dei comunisti nei confronti dei vari partiti di opposizione esistenti
Position of the Communists in Relation to the Various Existing Opposision Parties

La sezione II ha chiarito i rapporti dei comunisti con i partiti operai esistenti

Section II has made clear the relations of the Communists to the existing working-class parties

come i cartisti in Inghilterra e i riformatori agrari in America

such as the Chartists in England, and the Agrarian Reformers in America

I comunisti lottano per il raggiungimento degli obiettivi immediati

The Communists fight for the attainment of the immediate aims

Lottano per l'imposizione degli interessi momentanei della classe operaia

they fight for the enforcement of the momentary interests of the working class

Ma nel movimento politico del presente, essi rappresentano e si prendono cura anche del futuro di quel movimento

but in the political movement of the present, they also represent and take care of the future of that movement

In Francia i comunisti si alleano con i socialdemocratici

In France the Communists ally themselves with the Social-Democrats

e si posizionano contro la borghesia conservatrice e radicale

and they position themselves against the conservative and radical Bourgeoisie

tuttavia, si riservano il diritto di assumere una posizione critica nei confronti delle frasi e delle illusioni tradizionalmente tramandate dalla grande Rivoluzione

however, they reserve the right to take up a critical position in regard to phrases and illusions traditionally handed down from the great Revolution

In Svizzera appoggiano i radicali, senza perdere di vista il fatto che questo partito è composto da elementi antagonisti

In Switzerland they support the Radicals, without losing sight of the fact that this party consists of antagonistic elements

in parte di socialisti democratici, nel senso francese, in parte di borghesia radicale

partly of Democratic Socialists, in the French sense, partly of radical Bourgeoisie

In Polonia appoggiano il partito che insiste sulla rivoluzione agraria come condizione primaria per l'emancipazione nazionale

In Poland they support the party that insists on an agrarian revolution as the prime condition for national emancipation

quel partito che fomentò l'insurrezione di Cracovia nel 1846

that party which fomented the insurrection of Cracow in 1846

In Germania combattono contro la borghesia ogni volta che agisce in modo rivoluzionario

In Germany they fight with the Bourgeoisie whenever it acts in a revolutionary way

contro la monarchia assoluta, lo scudiero feudale e la piccola borghesia

against the absolute monarchy, the feudal squirearchy, and the petty Bourgeoisie

Ma essi non cessano mai, nemmeno per un istante, di instillare nella classe operaia un'idea particolare

But they never cease, for a single instant, to instil into the working class one particular idea

il riconoscimento più chiaro possibile dell'antagonismo ostile tra borghesia e proletariato

the clearest possible recognition of the hostile antagonism between Bourgeoisie and proletariat

in modo che gli operai tedeschi possano usare immediatamente le armi a loro disposizione

so that the German workers may straightaway use the weapons at their disposal

le condizioni sociali e politiche che la borghesia deve

necessariamente introdurre insieme alla sua supremazia
the social and political conditions that the Bourgeoisie must
necessarily introduce along with its supremacy
la caduta delle classi reazionarie in Germania è inevitabile
the fall of the reactionary classes in Germany is inevitable
e allora la lotta contro la borghesia stessa può cominciare
immediatamente
and then the fight against the Bourgeoisie itself may
immediately begin
I comunisti rivolgono la loro attenzione soprattutto alla
Germania, perché questo paese è alla vigilia di una
rivoluzione borghese
The Communists turn their attention chiefly to Germany,
because that country is on the eve of a Bourgeoisie revolution
una rivoluzione che è destinata a compiersi nelle condizioni
più avanzate della civiltà europea
a revolution that is bound to be carried out under more
advanced conditions of European civilisation
ed è destinata ad essere attuata con un proletariato molto più
sviluppato
and it is bound to be carried out with a much more developed
proletariat
un proletariato più progredito di quello dell'Inghilterra nel
XVII secolo e della Francia nel XVIII secolo
a proletariat more advanced than that of England was in the
seventeenth, and of France in the eighteenth century
e perché la rivoluzione borghese in Germania non sarà che il
preludio di una rivoluzione proletaria immediatamente
successiva
and because the Bourgeoisie revolution in Germany will be
but the prelude to an immediately following proletarian
revolution
In breve, i comunisti appoggiano dappertutto ogni
movimento rivoluzionario contro l'ordine sociale e politico
esistente
In short, the Communists everywhere support every

revolutionary movement against the existing social and political order of things

In tutti questi movimenti essi portano in primo piano, come questione principale in ciascuno di essi, la questione della proprietà

In all these movements they bring to the front, as the leading question in each, the property question

non importa quale sia il suo grado di sviluppo in quel paese in quel momento

no matter what its degree of development is in that country at the time

Infine, lavorano dappertutto per l'unione e l'accordo dei partiti democratici di tutti i paesi

Finally, they labour everywhere for the union and agreement of the democratic parties of all countries

I comunisti disdegnano di nascondere le loro opinioni e i loro obiettivi

The Communists disdain to conceal their views and aims

Dichiarano apertamente che i loro fini possono essere raggiunti solo con il rovesciamento forzato di tutte le condizioni sociali esistenti

They openly declare that their ends can be attained only by the forcible overthrow of all existing social conditions

Che le classi dominanti tremino di fronte a una rivoluzione comunista

Let the ruling classes tremble at a Communistic revolution

I proletari non hanno nulla da perdere se non le loro catene

The proletarians have nothing to lose but their chains

Hanno un mondo da vincere

They have a world to win

LAVORATORI DI TUTTI I PAESI, UNITEVI!

WORKING MEN OF ALL COUNTRIES, UNITE!